商业智慧
Remarkable Businesses

PEARSON

Rise from Crisis

危机中的崛起

看美国商业巨头如何渡过经营危机

New Word City 编

孙 宁 ◎译

U0656690

在社会动荡、经济危机的困局中，
谁能走出危机实现完美蜕变？
美国商业霸主的真实故事
切身感受崛起的阵痛

东北财经大学出版社
Dongbei University of Finance & Economics Press
大连

ⓒ 东北财经大学出版社 2011

图书在版编目（CIP）数据

危机中的崛起：看美国商业巨头如何渡过经营危机／New Word City
编；孙宁译. —大连：东北财经大学出版社，2011.11
（商业智慧丛书）
书名原文：Rise from Crisis：How American Commercial Giants Break
Away from Bussiness Crisis
ISBN 978-7-5654-0531-0

Ⅰ. 危… Ⅱ. ①美… ②孙… Ⅲ. 企业管理：风险管理-经验-美国
Ⅳ. F279. 712. 3

中国版本图书馆 CIP 数据核字（2011）第 172633 号
辽宁省版权局著作权合同登记号：图字 06-2010-470 号
Authorized translation from the English language edition, entitled How
MCDONALD'S GOT ITS GROOVE BACK, 1e. 9780137055821 by New Word
City, published by Pearson Education, Inc, Copyright ⓒ 2010 by Pearson
Education Inc.

东北财经大学出版社出版
（大连市黑石礁尖山街 217 号 邮政编码 116025）
教学支持：（0411）84710309
营 销 部：（0411）84710711
总 编 室：（0411）84710523
网 址：http://www. dufep. cn
读者信箱：dufep @ dufe. edu. cn
大连美跃彩色印刷有限公司印刷 东北财经大学出版社发行

幅面尺寸：148mm×210mm 字数：87 千字 印张：7 1/8 插页：1
2011 年 11 月第 1 版 2011 年 11 月第 1 次印刷

责任编辑：李 季 王晓欣 责任校对：毛 杰
封面设计：冀贵收 版式设计：钟福建

ISBN 978-7-5654-0531-0
定价：25. 00 元

译者序

2007 年，美国爆发的金融大海啸使美国经济进入大萧条的低谷期。为此，美国政府在充分反思华尔街滥用金融衍生工具问题的同时，采取了一系列的挽救措施，尤其强调"再工业化"战略，并指出"再工业化"战略在打造经济可持续增长模式中将发挥至关重要的作用。战略转变的春风遍及了美国各个产业，其中休闲和酒店业、教育和保健等"第三产业"的回升十分明显，是最快、最鲜明地感受到经济复苏暖意的行业。当然，美国服务业快速复兴的原因，除了美国政府积极的经济重整战略外，也离不开美国国内市场目前发育和成熟的状况，更离不开美国企业长期以来具备的创新能力。本书介绍了十个知名的美国企业，应该是美国服务业在后金融危机时期快速复兴的典型代表。这里有麦当劳、可口可乐、迪斯尼等这些百年老号、强势品牌，也有网飞视频、Zappos 网络鞋店这些依托互联网技术发展的后起之秀、新潮领袖。这些企业要么是走出困境，东山再起；要么是绝处逢生，柳暗花明；要么是奇思妙想，独辟新径；要么是大胆改革，重整旗鼓。不论经历如何，这十家美国企业的共同之处是：企业管理者的改革和创新精神、坚持不懈地以顾客为导向的商业民主思想、始终不移的可持续发展目标。

在这十家企业的发展历程中，我们可以体会到创业的艰难、曲折，成功的喜悦、兴奋；也可以感受到这些创业家、管理者的性格魅力、才华智慧；还可以观察和了解美国社会和文化的某些方面。如果你是一家零售店的管理者，美国最大的电子产品连锁零售商百思买、全球最大的家装连锁店家得宝都是值得你学习和借鉴的好榜样；如果你有志于自我创业，成为一名成功的企业家，沃尔特·迪斯尼是你不可不知的人物；如果你正为业内的激烈残酷的竞争所苦恼，麦当劳、可口可乐或百事可乐的战略战术也许对你有所启发；如果你想紧跟时代潮流，尝试创办自己的网站或网店，网飞视频、Zappos 网络鞋店的创业史对你一定会大有裨益。另外，捷蓝航空、UPS 快递在处理危机事件、进行业务改革方面的经验教训对商界人士都是宝贵的他山之石。总之，这本小书，内容丰富有趣，故事真实感人。读者可以从微观的企业个案，了解宏观的美国经济；从生动鲜活的企业家个人成长经历，体味商界沉浮的百味人生；从美国的消费经济特点，领略美国社会文化的特征。译者认为，这本小书既可以作为商界从业人士决策和实践的参考资料，也可以成为普通读者茶余饭后、放松消遣的读物。

本书原文出版于美国 New Word City，该出版机构是一家有 20 多年商业电子出版经验的传媒公司。此外，本书中的很多文章被 Huffington Post（美国最大的博客网站）、Forbes、Fast Company、The Economist、Business Week、New York Times、ESPN. com、New York Post、The Associated Press 等网站和杂志转载，影响广泛。由于水平有限，译文中错误之处在

所难免，恳请译界前辈、商务专家和广大读者提出宝贵的意见和批评，以便改进和提高。

孙 宁

2011 年 7 月 12 日

目　录

麦当劳：全球化形象重塑/001

营销组合5Ps 的力量/004

"梦幻之地"计划/006

进入高端市场，扩展分支机构/009

潜心策划，赢得世界/014

麦当劳提供的经验/016

UPS快递永不停步/019

褐色的诞生/022

物流的逻辑/025

UPS 的递送方式/028

UPS 给你的启示是什么/032

3　Anderson 带领百思买走向辉煌/034

需要聪明的朋友/037

奇客队领先/042

未雨绸缪/050

你向百思买学习什么/054

4　家得宝：将橙色精神进行到底！/060

一个不同的信号/064

商场里的围裙/066

忠告加援助/071

顾客的观点/072

供应商和需求/074

铸就成功/075

家得宝给你的启示/077

5　　**捷蓝航空穿越情人节大冰暴**/080

蒸蒸日上/082

因果报应/085

恢复名誉/088

措施得当/091

"一定有更好的模式"/093

捷蓝航空公司给你的教训/096

6　　**可口可乐的传奇人物：Isdell 临危受命**/100

亡羊补牢，尚未为晚/102

摔瓶表真情，赢得众人心/106

推心置腹，坦诚相待/107

加足马力，提速前进/110

理想黄金国，尽在成长中/111

伙伴罐装商，和谐共相处/115

技术创新，硕果累累/117

大刀阔斧，重铸根基/120

可口可乐给你的教训/123

7 网飞视频创造幸福结局/128

逆流而上的先行者/129

追求一流服务/130

先行一步/134

不遗余力地创新/137

网飞给你的启示/143

8 可爱的沃尔特大叔，非凡的成功之路/145

一只米老鼠的诞生/147

一个幻想被揭开了/151

一个崛起的帝国/154

完美的梦想/157

一份引起不公正争议的遗产/159

你向 Walt 学习什么/161

9　**独特的 Zappos 网络鞋店/166**

一名个体业主的故事/169

即产即运，库存透明/173

关注顾客，百般呵护/176

经济低谷，灵活应对/184

Zappos 给你的启示/186

10　**百事可乐的女掌门人：Indra Nooyi/190**

成长历程/192

担当重任/199

迎接全球挑战/204

建设的时代，修正的时代/209

百事可乐给你的经验教训/215

麦当劳：
全球化形象重塑

营销组合 5Ps 的力量
"梦幻之地"计划
进入高端市场，扩展分支机构
潜心策划，赢得世界
麦当劳提供的经验

2003 年初，麦当劳在心理上也许已落入低谷，尽管它仍是世界上最大的快餐供应商，但是，当公司公布了有史以来的第一次季度亏损后，其股票大跌。当然，在来自各方（营养学家、环保主义者、盲目爱国者、人权积极分子、动物保护者）的一片声讨中，在快餐业后起之秀（Subway、Sonic、Quiznos）的侵蚀中，再加上自身的过度扩建，以及为适应消费者习惯和口味而进行的改革（最后以失败告终），这个快餐巨头被折磨得气喘吁吁，萎靡不振。然而，这个不利局面开始悄悄地扭转。新组建的领导团队下决心要让这个核心品牌再度辉煌。他们削减了那些无关紧要的业务，根据顾客的真正需求调整麦当劳的运营。这里介绍的就是麦当劳如何东山再起的故事。对于那些同样需要给自己的老品牌增添活力的企业来说，可以从中吸取丰富的经验教训。

对一个在世界各地拥有 31 000 个分店，160 万正式员工，销售额达 230 亿美元的企业来说，要对每个环节进行改革的确是一个艰巨的任务。但是，新的领导团队有耐心、有决心，更有一套"制胜计划"。在随后的 5 年里，几乎没有几个局外人觉察到这个巨人正在慢慢地恢复状态 —— 他放下架子，开始提供更健康的食品；他放弃死板的规则，采取更灵活多变的运营方式；他甚至有胆量在经济滑坡时向高端市场挺进。麦当劳的故事值得我们大家学习。

回顾 2008 年，这一年整个股票市场价值缩水 1/3 以上，但麦当劳的股票收益接近 7％。日常的客流量比前一年增长 200 万美元，达 5 800 万美元。销售收入以 3％ 的速度增长，达 235 亿美元，而利润则以 80％ 的速度增长，达 43 亿美元。

麦当劳的困境是长期形成的。Ray Kroc 在 1955 年开创的第一家麦当劳店，其实是麦当劳兄弟的加州汉堡店的副产品。他介绍说，自己的汉堡店是"世界上最好的快餐店"，菜谱简单，强调快速，承诺"质优价廉"。但是到了 20 世纪 90 年代，顾客不再只看重价格了。很多快餐店的食品美味可口，品种丰富。

麦当劳做出的第一个反应是，力争做一个全民喜爱的快餐这是一个最严重的失误，因为它只关注竞争对手而忽视了顾客。

店——这是一个最严重的失误，因为它只关注竞争对手而忽视了顾客。麦当劳推出自己的比萨饼应对必胜客的比萨饼；用烤制的熟食三明治应对 Quiznos 的三明治；用新研制的超大拱门豪华汉堡应对老对手 Carl's Jr. 的汉堡包。甚至受人尊敬的巨无霸也被改良。他们声称巨无霸的调味酱经过不少于 14 次的改进。可是这些改革没有一个拉动了销售。即使是为了与 Burger King、Taco Bell、Wendy 这些快餐店进行价格竞争，而于 2002 年在全国范围内推出的 1 美元菜单也收效甚微。

营销组合 5Ps 的力量

在麦当劳自我恢复期间，首席执行官 Jim Skinner 遵循的是一个剧本，叫"制胜计划"，由已经退休的 James R. Cantalupo 起草制订。这个计划的核心是五个以英文字母 P 开头的单词，分别代表人（people）、产品（product）、价格（price）、地点（place）、推广（promotion）——看起来简单得不能再简单了。但是，它代表了以顾客需求为焦点，而不是以竞争对手为焦点的崭新的健康经营理念。该计划在强调原有的快捷服务和价格低廉的基础上，体现出了对顾客就餐体验的极大关切。

但是，对麦当劳的恢复起最关键作用的是，Skinner 的领导团队在计划实施上表现出的耐心和决心。Skinner 的耐心和决心是经过长期培养而成的。

他第一次站在麦当劳柜台后面时还只是一个高中生。1971年，由于海军整编，他从部队复员后又回到麦当劳。先是做管理见习员，然后一步一步在不同岗位上担任不同职务。他曾先后担任欧洲、亚洲、中东和非洲地区的业务主管。他做过两次首席执行官的候选人，但都因未得到董事会的支持而落选。他最终得到这个职位，仅仅是因为他的两位前任在不到 12 个月的时间里先后去世。

人们说，从严格意义上讲，他在不同岗位的职务都是过渡性的。可是他本人并不这样认为。他对美国科伦广播公司

"我一生都在跟大个头较量。"

Chicago Business 的记者说："我没想到我能成为首席执行官。但我一直认为我可以胜任。"

同事们是这样描述 Skinner：他是一个非常靠得住的，诸事喜欢亲力而为的经理，善于与顾客沟通，从不坐在办公室发号施令，而是亲自检查店里的账目。他最喜欢的午餐是一份普通的 1/4 磅芝士堡—— 不加西红柿酱、芥末酱和泡菜。他身体健康，仍然能参与年轻人临时拼凑的篮球比赛，并坚持到最后。在高中时他是摔跤队队员，只因 5 英尺 6 英寸的个头无缘篮球队。他曾经说："我一生都在跟大个头较量。"

Skinner 任首席执行官以来，那份"制胜计划"成为公司的路线图。上任后他立刻声明："领导换了，公司战略不换。"他也的确从公司中挑选最好的干部来执行这个战略计划。

"梦幻之地" 计划

公司以前开发新产品的做法基本上是仓促无序的。市场调研和产品实验也不充分。"我们那时的行动杂乱无序，犹豫不决，"Skinner 对《商业周刊》（*Business Week*）的记者说，"我们采取的态度就是，我们做什么，你们买什么。"Skinner 和他的同事们认识到，"梦幻之地"的方法不能解公司的燃眉之急。他们在伊利诺伊州 Oak Brook 的公司总部建立了一个食品工作室（目前这个工作室有几十个厨师、食品加工技师、市场调研员，在中国香港、巴黎、慕尼黑和其他地方也有同样的工作室）。经过广泛的市场试销，他们依据销售量、利润和食品制作的难易程度给新产品打分。

20 世纪 90 年代以来，推动快餐业发展的一个主要驱动力是消费者对菜单中的健康食品的钟爱。营养评论家把矛头对准巨无霸和1/4磅芝士堡，认为它们是高卡路里食品。《快餐食品国家》（*Fast Food Nation*）一书在知识界和立法界引发了一场食品改革运动。电影《大块头的我》（*Super-Size Me*）也向大众传达了抵制快餐的信息。

麦当劳的反应是在菜单中增加健康食品，标明卡路里含

> 我们的食品是积极健康生活方式的重要构成之一。

量。连锁店食品广告主题是，我们的食品是积极健康生活方式的重要构成之一。超大量食品的概念被弱化乃至取消。1983年首次推出的麦香鸡块的制作方法得到改进，目前仅用低脂肪、白色鸡肉裹上面包屑儿。儿童餐用苹果片（取代炸薯条），牛奶也使用精致的瓶装容器。之后的推广活动也弥漫着崇尚健康的气息：成年人只要购买仅有蔬菜色拉和白水组成的健康套餐，就可以获得一个计步器礼品。

公司还主动增加和改善鸡肉类食品。消费者仍然可以买到巨无霸和炸薯条，但是现在麦当劳出售的鸡肉食品与牛肉食品一样多——每年20亿磅。

消费者行为的另一些重大变化促使麦当劳进行更多的产品调整。根据人们对小食品的偏爱，麦当劳推出一款便于手抓的快餐，售价只有1.29美元。在经济衰退期，麦当劳加强了对1美元菜单的投入。在通货膨胀率上升时期能做到这一点实属不易。麦当劳在这个时候调整了三明治的结构（如，减去一片鸡肉），使其不超出1美元的价位点。麦当劳的这个1美元

> 不在消费者研究上投入和下工夫，不进行快速调整，你的公司和产品必将被淘汰。

菜单每年给总销售额带来的贡献率为 13% ~ 14%。

启示：不论你企业的核心产品是什么，不论是食品还是脚凳，为了跟上人们品味的变化，不要不舍得在产品开发上下工夫。不在消费者研究上投入和下工夫，不进行快速调整，你的公司和产品必将被淘汰。

进入高端市场，扩展分支机构

管理团队一旦决定全力打造核心品牌，他们就卖掉持股的其他饭店资产（公司持股的饭店如 Chipotle Mexican Grill、Mexican Grill、Boston Market 等）。管理团队缩减新店数量，关掉亏损的老店。获得的大部分资金和存款都用于现有餐馆必要的、渐进的大规模整修上。公司的目的是在保留原有顾客的基础上，开发高端顾客市场。

公司通过向特许加盟者提供大额补贴来推动这项工作。让人看腻了的由塑料制作的隧洞滑梯式儿童游乐区已经失去对家庭顾客的吸引力，现在已被录像游戏取代。成人也被无线上网、自行车健身器和录像片所吸引。新的通风换气设施赶走了代表麦当劳商标的油炸气味。麦当劳几千家店铺的内饰都焕然一新，更加优雅完美的风格令人赏心悦目。麦当劳统一式样的店面外部装修也已开始。占美国市场销售额 60% 的驾车购买服务模式也得到重新装备，大大提高了效率。有些店面还开辟了第二、第三个驾购窗口；有的还增设了二层订餐台。旧式的、斜坡折线形屋顶被平顶红砖取代，涂上黄色涂料的外形是大大的 M 形状。

麦当劳不仅仍然悉心为那些双职工家庭，或有急事的老顾客提供快捷服务，而且 Skinner 和他的管理团队还设法吸引那些对休闲用餐感兴趣，或想用手提电脑上网游览，或想喝一杯咖啡，吃一点零食的高端顾客群体。既然星巴克让咖啡吧又回到人们生活中来，现在麦当劳也想在咖啡销售这个市场上分一块蛋糕。

麦当劳开始用高品质的咖啡豆、蒸馏水、美味奶油来提升滴流咖啡的品味。仅两年时间，咖啡的销售额就增长 70%。然后麦当劳开始推广它的麦氏咖啡理念，即用特制咖啡机制造拿铁和意大利浓咖啡，甚至打算在麦当劳现有的餐厅中设立单独的咖啡甜品区。

紧随新颖有力的、为顾客提供方便的改革举措之后的是营业时间的延长。越来越多的麦当劳餐厅将营业时间延长至深夜，为那些午夜就餐的顾客服务。总之，遍及世界各地的80% 的麦当劳餐厅都延长了营业时间，34% 实施了 24 小时营业。

新近流行的早餐食谱引发了麦当劳的领导层对一日供应三餐的愿望，但一直困扰着他们的是如何衔接午餐、晚餐的准备工作。标准化的麦当劳厨房只能容纳一个内置烤炉。因此公司准备设计一种灵活的操作平台，安放一个可以同时制作几种菜肴的烤炉。麦当劳在自己的餐厅里全天提供早餐的时刻很快就会来到。同时，欧洲3/4 的麦当劳店已经安装了操作简便、质量上乘的烹饪平台。只要有办法为顾客提供方便，满足顾客偏

> "如果你有时间靠墙休息，
> 你也会有时间清洁卫生。"

好，麦当劳就会全力以赴，争取成功。对大部分企业来说，这都不愧是一个好主意。

麦当劳强调的一个传统价值观就是餐厅的干净整洁。年轻一代的麦当劳员工总能听到这样的教诲"如果你有时间靠墙休息，你也会有时间清洁卫生"。但是，时间一长，随着店面的扩增，干净整洁为重、服务顾客等一贯的宗旨开始马虎动摇。要让公司上下全面恢复对这个宗旨的恪守，是"制胜计划"的主要目标之一。所有的企业都应该经常检查自己当初制定的原则在目前实施中的遵循情况。

顾客接待方式的优劣取决于两个重要因素——员工的技能和态度、餐厅经理的领导力和商业敏感性。员工站在快餐店柜台的后面，就意味着承担了一份艰巨的责任——但并不能永远保持友好和蔼的举止。

员工招聘一直是让麦当劳头痛的问题，尤其是近十年来情况越来越糟。比如，20世纪90年代，美国的麦当劳员工45%是青少年。现在这个数字已降至不足1/3。同时，员工的工作也越来越复杂。汉堡包需要用带电子计时器的烤箱加热，而不是放到烤架上。新的菜单需要新的烹饪技能。可是麦当劳支付的工资却比其他竞争对手的低，这便加大了员工招聘的难度。

作为"制胜计划"的一个部分，麦当劳开发出各种招聘技巧。它的网站设计非常便于应聘者使用。公司还增加了店内招聘广告——从长期看，这些广告对招聘当地社区里的高素质员工非常有效。在广告宣传活动中，公司遇到了关于"翻烤汉堡"这种负面宣传的问题。（"翻烤汉堡"指的是麦当劳薪酬制度——新员工第一年要经过两次工资审核。这对麦当劳员工是一个不错的规定）公司改善了工作环境，吸引了一些年龄大的应聘者，包括孩子小、工作时间有弹性的人。总之，公司以麦当劳最佳的 50 名员工中，40% 是从站柜台开始的为例，让那些潜在的应聘人员相信，在麦当劳工作前途是光明的。

不同文化需要不同版本的麦当劳。

潜心策划，赢得世界

当谈起他一手发动的公司转型时，Skinner 经常用的一个词是"形象重塑"。形象重塑过程不仅限于美国的麦当劳店。麦当劳在全球的运营占其总业务的 60%，发展速度远超国内。这主要是因为公司近年来采取比较宽松的加盟标准，认识到不同文化需要不同版本的麦当劳。

海外麦当劳店与美国国内的兄弟店比，在设计、包装、菜单和店址上都不尽相同。比如，如果你走进伦敦的麦当劳店，你会发现四周是橘红色的柱子，墙上挂着时髦的壁画，贴着红绿相间条纹的壁纸；在法国，麦当劳餐厅提供一系列小型食品（在法国，它们称作小食品；在英国，则称作小美味），价格在 1 美元菜单与核心价格之间；在印度，由于吃牛肉是犯忌的，因此巨无霸被叫做大公主，里面夹的是鸡肉；在德国，麦当劳一般出现在火车站旁，吸引的是一些所谓"受制而走不

> 管理层对市场的了解越深刻，企业的绩效就越好。

开"的顾客。

Skinner 自豪地指出，全球 75% 的麦当劳店由当地人经营。他认为，当地居民了解本地市场，与外来者相比，他们可以更好更快地适应消费者的口味，根据不同需要调整营业时间和装修风格。对世界上任何地方的任何企业来说，下面这段话是一个真理：管理层对市场的了解越深刻，企业的绩效就越好。

麦当劳已经开始实施二次特许加盟计划，该计划准备在 2010 年，增加 1 500 个由受过麦当劳培训的个体业主经营的店面。把公司经营的店面卖给个体加盟者可以降低公司风险，便于计算利润率，改善现金流。从长期看，还可以补充公司的金库，因为业主自营的麦当劳店比公司指派的、按小时取酬的店长管理的店效益更好。这是麦当劳回归初衷原则的另一个例证。我们所有人都应该经常重新审视自己的前提条件。

Skinner 在艰难时刻仍有胆量利用公司良好的资产负债现状进行扩张。在虚弱的房地产市场被大买家充斥的情况下，他暂时抑制了对新店的需求，计划到 2012 年再新建 1 000 家店，他比以前任何时候都更有选择余地。经济滑坡可能不会确保新店的近期收益率，但麦当劳等得起。

就这样，公司在 Skinner 的领导下，兜了一圈，又恢复了原状。经过多年忽略产品和服务开发的盲目扩张后，麦当劳又回头重建新店，向亚洲、欧洲、中东地区推广。当然，正如你所见，现在的麦当劳与 1960 年的麦当劳大不一样——结构更精简，焦点更集中，目标更长远。麦当劳换了一个新的形象，老态龙钟的品牌又焕然一新，充满朝气。当然这一切来之不易，正是领导层的构想和决心，再加上一份"制胜计划"，才让一切成为可能——这些重要因素的影响力将经久不衰。

麦当劳提供的经验

➤ 避开对手，迎接顾客。麦当劳企图模仿竞争对手，提供雷同的烤肉三明治和比萨，这些都是非常错误的举措。当

Skinner 和他的管理团队调整了战略，关注顾客的需求（更健康的食品，更长的营业时间），局面开始扭转。那么你更担心什么呢？顾客还是竞争对手？

➤ 制订计划，坚决执行。从表面看，"制胜计划"似乎很简单，但威力无比。5Ps 原则便于员工理解和执行。你的企业有类似的原则吗？

➤ 全神贯注，开发产品。仅仅生产出产品并不一定就能保证顾客来购买。只有在市场调研和试销的支持下，不断对产品进行修改完善，才能让品牌健康成长。

➤ 结识新客，勿忘旧友。麦当劳通过开发更健康的产品，提供麦氏咖啡、意大利浓咖啡和无线上网设施来进入高端市场。它为新顾客服务的同时始终不忘曾让它早期取得成功的，喜欢快捷服务、巨无霸和炸薯条的老主顾们。

➤ 随机应变，灵活机动。了解当地市场，根据当地人的习俗调整经营方法。即使是一个不供应牛肉的餐馆，一个菜单上有小食品种类的餐馆，也可以成为麦当劳店。哪有你必须遵守的规则呢？

➤ 归根结底，服从顾客。游戏的基本规则是根据顾客需要调整自己，并取得回报。不恪守这条真理，麦当劳就面临慢性死亡的危险。而重新找回真理，才能让它东山再起，茁壮成长。

2

UPS 快递永不停步

褐色的诞生
物流的逻辑
UPS 的递送方式
UPS 给你的启示是什么

"**我**不是货运专家，"Daniel Gonzalez 怒气冲天地说，"我也不想成为货运专家。我只想生产优质产品并及时发送出去。"Gonzalez 是墨西哥提华纳市一家新工厂的经理，这家工厂隶属于世界最大的自动识别腕带制造商Precision Dynamics Corporation（PDC）。这些小型电子工具用途广泛，从宾馆房间的开门钥匙，摇滚乐粉丝的音乐会入场券，到医院病人的身份识别。它们不仅无处不在，而且时效性很强。如果重大事件开始时这些腕带还没到货，那么它们的价值就等于零了。结果是厂家和用户两败俱伤。

Gonzalez 的提华纳工厂生产的 PDC 腕带质量上乘，完全符合计划要求，但是把它们运出边境，交到美国客户的手中却面临毁灭性的灾难。如果因货运速度太慢，超过最后交货期，把老板们惹急了，他企业未来的生存将面临极大考验。

然而，刹那间，一个身着联合快递服务公司（UPS）制服的装甲兵车队轰轰隆隆地赶来救 Gonzalez 于水火之中。准确地说，这是 UPS 新成立的一个充满活力的子公司，是供应链解决方案（Supply Chain Solutions）下属的一个直接过境贸易部。

幸亏有这些 SCS 神奇的工人，才将 PDC 腕带自墨西哥工厂发货，到送交美国用户手里的时间缩短了两天。这个位于亚特兰大州的快递巨头在面临激烈竞争的情况下，不仅保留住了自己现有的市场份额，而且还投资开拓了新业务，扩大了自己的市场份额。自此，供应链解决方案成为身兼多职的产业主力军——包括供应链咨询、策划、运营、送货、产品维修等。更重要的是，它为母公司年末结算的利润额贡献了几十亿美元。

乍一看，UPS 似乎不可能这么快地完成业务扩张，且不说它的勇气和胆识，该公司历来以保守内敛著称，从未张扬过要重整旗鼓的愿望。公司的推广活动通常都交给职业军人去做——公司的许多高级行政主管都是司机出身。员工必须按照严格的公司标准执行任务。在对与公众有直接接触的员工进行培训时，除了要求他们态度和蔼，还要求他们高效准确，他们的每一个动作都经过工时专家精确计算。司机遵循的是精心设计的程序，没有任何漏洞。UPS 虽不灵巧，但绝对可靠。

商业智慧丛书

褐色的诞生

　　UPS 是从两个骑自行车送信的年轻信使发家的。1907 年，有两个住在西雅图的年轻人，一个是 19 岁的 James Casey，一个是他的朋友 Claude Ryan。他们俩发现了一个需求：在当时，汽车和电话很罕见，传送小包裹的唯一方法就是打公用电话寻求信使服务。就这样，Casey 和 Ryan 就创建了一个公司，并起了一个伟大的名字——美国信使。

　　开业最初的六年，公司生意兴隆，可是后来受到高科技产品——汽车和私家电话的阻击。在 Casey 和 Ryan 的主持下，公司进行了第一次改造，由为私人递送包裹转型到为零售商运送货物。这两个合伙人把公司的名称改为包裹递送公司，并买了一辆福特 T 型汽车。这辆车成为公司后来所有褐色货运卡车的第一辆。

　　六年后，Casey（当时负责管理）发现全国其他的递送公司日子都不好过。他没有选择退却，而是决定进一步发展，并给公司起了一个更乐观的名字——联合快递服务公司。

UPS 迅速扩展到美国各州，为东西海岸的百货商店提供货运服务。可是，第二次世界大战以后，私家车数量剧增，再加上人们对郊区生活的追捧，冷落了城市里的百货商店，到市郊的购物中心购物。为了再次适应变化，Casey 大胆地将公司改造成一个普通的承运服务公司。

这个改造意味着，公司不仅要为私人和商家运送货物，而且要完成日常提货送货，处理每周账单，接受货到付款方式的货款的任务——也就是说，公司直接与美国邮政总局竞争。这次改造耗时 20 年，但到 1975 年，UPS 终于成为第一家可以将货物送到美国任何一个地方的货运公司。UPS 的所有服务区实际已连成一片——这是一个里程碑，标志着企业享有黄金链接的美誉。

这时，另一个威胁又突然降临：24 小时速递。这项服务的开启者是 DHL，一个专门承揽国际运输业务的公司。美国国内最早的快递公司是联邦快递公司（Federal Express），该公司成立于1971年，业绩辉煌，仅用五年就使公司每天运送的包裹多达1.9万件，实现转亏为盈。

UPS最初的反应比较缓慢，仍然以48小时货到业务和低廉的价格优势与联邦快递竞争。可是顾客显然更喜欢联邦快递。为此，UPS也建立了自己的24小时快递业务。1985年之前，这项业务虽然经营得很好，但并没有发展至全国，这让联邦快递有充足的时间抢占全美快递服务市场。

当UPS发现世界上对快递服务的需求有上升趋势时，它毫不犹豫，顺势而上。公司有史以来首次调动了自己的货机运输无敌编队。目前，UPS拥有一个由263架飞机组成的机群，成为世界第九大航空公司。联邦快递以拥有654架飞机机群仍占据世界第一的位置。但如果把飞机和卡车加起来，UPS仍然是世界上最大的货运公司。

物流的逻辑

早在 20 世纪 90 年代, UPS 的领导们就关注未来货运业的发展趋势, 发现了一些喜忧参半的迹象。公司新开发的业务赢得了世界各地用户的信任, 生意红火。但同时麻烦也来了, 联邦快递和 DHL 正在一点儿一点儿地蚕食着 UPS 的市场份额。虽然网上购物有可能促进包裹递送业务, 但也会招来新的竞争对手。由于企业顾客索要更大的回扣, 致使利润率进一步萎缩, 包裹递送服务最终成为一种利润微薄的日用品。

UPS 需要对未来这个威胁采取防范措施。他们提出各种建议, 包括进入制造业, 但是最终大家达成一致的意见更明智一些。UPS 准备再次重新改造, 进入一个新的产业领域: 物流业。公司打算卖掉运输和配货业务, 以自己擅长的专业为基础, 经营全球货运和包裹跟踪业务。

UPS 已经掌握了一些经营物流的方法。它的道路网络系统，是一个为批发商提供路径选择和时间安排的高效专业工具。1995 年，路网系统并入 UPS 新成立的企业——UPS 物流技术。这个企业提供的服务广泛实用，例如，向客户介绍最佳的卡车行车线路，与他们进行实时无线对讲，提供全球定位系统服务，还有库存管理和仓储。仅仅几年时间，就有几十个不同规模和性质的企业与他们签约合作。目前，UPS 物流技术公司每天管理的车辆多达 18.8 万辆。

随着物流的稳定落实，公司开始承接为顾客设计和管理整个供应链的业务。为了支持这项服务，公司收购了 20 个供应链企业，还有一家银行。2001 年，公司用 4.33 亿美元，以股票交换的形式收购了 Fritz 公司——一个从事货运和报关业务的专业公司。一年后，所有被收购的企业，加上 UPS 物流技术公司合并成 UPS 供应链解决方案（SCS），业务遍及世界 120 个国家。

公司的目标就是提供服务。Bob Stoffel，UPS 负责供应链业务的副总裁对 *Fast Company* 一书的作者说，SCS 的工程师们考察了客户产品的整个生命周期。他们采用的是全方位视角——"不只是告诉你，这是你的仓储管理小组，这是你的策划小组，这是你的配货小组，这是你的技术小组。"

公司的领导层已经认识到，SCS 应该寻找机会，解决供应链的三个关键问题：配货中心设施闲置，库存量过大，车辆管理成本过高。公司要让潜在的客户相信，全方位视角方法就是用来解决上述问题的，就是要开发尚未实现的潜在价值。

从利润的角度看，物流的利润幅度低得让人吃惊，只有 2% 至 5% 的回报率。客户对外包出去的业务没有多大兴趣，他们更关注自己的核心业务。那么，UPS 当时的首席执行官，Michael Eskew 为什么把褐色大农场这个赌注下在物流业里呢？因为他预测，供应链业务将会增加公司包裹递送的业务量，这块业务的利润率在 15% 左右。他是正确的，到 2003 年为止，据 UPS 的报告说，供应链客户创造的收入为 2 亿美元，而且仍在继续增长。

物流的另一个优势是：它需要的资金远低于公司的货运核

他期望人们体验一下"来得快的失败，代价小的失败"。

心业务。因为 SCS 不必购买卡车、飞机和技术，因此投资回报率相对较高。

UPS 的递送方式

在现有企业内创建新业务并不是一件容易的事。Eskew 早年的那两个决定曾搅得 UPS 内部人心惶惶。首先，他从母公司抽调有发展前途的行政主管担任 SCS 的领导职务。这对一个主要靠从公司外部招聘职业经理的公司有一定的伤害。幸运的是，这次公司内部晋升政策使职务调换工作稳定进行。

Eskew 的第二个决定是，改变公司保守的经营思想。Eskew 鼓励 SCS 的领导们勇于承担预期的风险——就像管理一个刚起步的企业那样，SCS 在某些方面就是刚起步。他甚至容忍偶尔的失败。他对《商业周刊》的记者说，其实他期望人们体验一下"来得快的失败，代价小的失败"。

企业改造需要新的不同方法，也会带来新的不同问题。例如，对 Fritz 公司的收购就在企业内部产生了文化冲突——新员工的开拓精神和 UPS 老经理的顽固不化格格不入。在这种混乱中，企业丢失了很多客户，包括 Costco 连锁公司。Eskew 招聘新人担当 UPS 经理，使人们又恢复了理性。Costco 连锁公司和其他丢失的客户又回来了，甚至还增加了新客户。

2008 年，SCS（包括 UPS 的货运公司）的净收入达 89 亿美元。该部门的目标客户群体是汽车、零售、消费品、保健品行业和政府部门。它的业务遍及世界 120 个国家，仓储面积占地 3 800 万平方英尺。

对于像德国 Birkenstock 鞋业公司这样的欧洲企业，UPS 为他们提供运输和配货系统，帮助他们将货物运往美国，速度比以前大大提高了。他们再也不用像从前那样，经过巴拿马运河将货物从德国运到美国的仓库。现在 Birkenstock 公司的鞋子只运到东海岸 UPS 的转运站，由该转运站发往各地。货物从工厂运到商店的时间减少了一半，从 6 个星期减少到 3 个星期。2008 年春季商品的准时到货率有史以来第一次达到 100%。

对需要提供售后服务的公司，UPS 也担任了各种职责，从客户呼叫中心到产品维修。客户把要退回的商品装箱，交给 SCS 运回厂家修理。其实商品始终没有脱离 SCS 的监管。在能看到飞机场的地方，SCS 修建了最普通的工业厂房，用来修理手机和打印机等各类产品。在代客户管理的呼叫中心，SCS 的员工们知识渊博，他们根本用不着向来电者透露他们并不是本公司的员工，当然也用不着解释 SCS 承担的维修责任。

全球高科技企业目前都面临客户越来越迫切需要货物快速送到的问题。SCS 对他们的配货系统进行简化和合理化改造。有时，一条通知就将一切安排妥当。如 2009 年 8 月，日立（Hitachi）公司通知客户说，所有北美地区授权退货的货物，以后都交给位于加利福尼亚州米拉洛马市的 SCS 物流中心管理。

日立与 SCS 的合作从 2003 年就开始了。当时，日立收购了 IBM 的存储技术业务，与公司自己的存储业务合并。SCS

之前已经为 IBM 建立了分销网络。收购完成后，日立仍请 SCS
为其新扩大的日立全球存储技术公司管理分销网络。结果 SCS
将两个系统合并，完成了一项"庞大的事业"，日立的一个高
级行政主管是这样称赞的，他们原有的 72 个设备被合并为 52
个，所有的库存和账户信息被组合到一个单一的平台。整个流
程运行迅速流畅。经理们说，客户可以不受任何干扰订货了。

今天的 UPS，在许多方面，不论规模大小，都与 Casey
当年的包裹递送公司大不相同了。UPS 供应链中心的员工实
际上穿的是蓝色制服，而不是褐色的。用了很长时间的企业
标志，那个有点像包裹似的，系着丝带的盾牌，已经被换成
没有丝带的盾牌，看起来更活泼，更具创造力，让人感到公
司的业务并不仅限于某一个行业。面对 UPS 的口号"褐色能
为你做什么?"，最好的回答是，跟以前比，能做的事情数不
胜数。

诚然，公司最根本的东西没有变，即它的不断创新的能
力——公司最近几年开发的新业务，供应链解决方案，就是最

> 从现在的位置进入比较容易。进入相邻的领域比进入完全陌生的领域需要的投资少一些。

好的证据。就是凭着对影响企业未来发展趋势的密切关注，凭着大胆地对企业进行大规模改造，UPS 的繁荣持续了一个世纪。对任何企业来说，这都是一个值得效仿的战略。

UPS 给你的启示是什么

➤ 在绘制新的路线图时，先从延伸你的现有业务开始。这样做会给你两个优势——第一，利用已积累的经验。第二，从现在的位置进入比较容易。进入相邻的领域比进入完全陌生的领域需要的投资少一些。你还可以在原有客户基础上尝试新东西，只要打消他们的顾虑，让他们相信你就行。

➤ 在没有彻底认清楚表面缺陷之前，不要受其羁绊。虽然物流和供应链业务利润率低，但是，Michael Eskew 明白，他们已有的利润颇丰的运输业务有能力支撑这块业务的增长——从长远看，这些新业务会发展成利润更高的外包服务。

➤ 警惕那些对变革不由自主产生抵触的人。如果你的企

　　如果批发业领头羊位置的变更不是你的追求，你就要确保找到一个具有催化剂作用的人，他可以想出新点子，带领你们去创造未来。

业文化纵容保守想法，要纠正它。在 Casey 的长期支配下，UPS 人觉得大约每 5 年任命一个新总裁对企业更有好处，会给企业带来更多的活力。如果批发业领头羊位置的变更不是你的追求，你就要确保找到一个具有催化剂作用的人，他可以想出新点子，带领你们去创造未来。这是 Eskew 对从母公司调来掌管 SCS 的新经理提出的要求。

　　➤ 一旦你决定开展一个新的业务，就要坚持到底。就像 UPS 投入亿元资金在它的供应链新方案上，你必须为你未来的战略投资。而多样化的融资租赁方式正是应对失败的一个妙方。

3

Anderson 带领
百思买走向辉煌

需要聪明的朋友
奇客队领先
未雨绸缪
你向百思买学习什么

作为美国最大的电子产品连锁零售商，百思买近几年生意红火兴旺。该公司仅用 35 年的时间，就建立起自己的威望，开辟出自己的市场，并扩建了以大型专卖模式为主的大型超市，经营着日益增加的各类电子产品。长期以来，公司和员工主要关注的是一些精通技术的顾客，为他们提供各种电子产品。但是，随着技术的不断进步，零售商货架上技术含量高的产品也越来越多，不太懂技术的电子产品顾客群正在增加。

终于，在 2002 年的某一天，百思买的新任首席执行官发现，公司的改革势在必行——而且必须是彻底的改革。在后来的几年里，公司重新打造自己，变成一个以顾客为核心的企业。改革的回报是公司收益增加了近130%：截止到 2010 年 2 月的财务年度，公司的销售额预计将从 465 亿美元增加到 485 亿美元。那么，百思买是如何（并将继续）取得这样的成就的呢？这就是我们即将要谈论的话题。

转型并不容易，也不是一蹴而就的，但是百思买却取得了巨大的成功——事实上，转型的成功已经让百思买成为美国国我们战胜的是自己。

内唯一一家电子产品零售商。曾经是它的老对手的 Circuit City、CompUSA 根本就无法与它持续不断的创新力和低廉的价格优势相抗衡。

事实上，我们战胜的是自己。故事要从 Brad Anderson 接受首席执行官这个职位开始。位于明尼苏达州百思买的 Richfield 公司，2002 年的财务年度完美收场，销售额增长了近17%，达177亿美元，营业收入在截至 2 月为止的 12 个月的时间里几乎翻了一番。正如它的管理层所言，百思买在北美的 480 家店正在高歌猛进。

但是 Anderson，一个有着一双明亮慧眼的人，却看到了公司面临的问题。首先，塔吉特、沃尔玛、亚马逊这些零售商们正奋力向高档家用电器市场挺进。其次，戴尔公司要绕过零售商，不仅直接向消费者供应其自有品牌的电脑，而且还销售平板电视、MP3 音乐播放器，这种战略也让人感到担忧。而且，紧追不舍的 Circuit City 和其他对手正在抓紧一切机会模仿百思买的创新技术，招聘训练有素的销售人员。最后 Anderson

的结论是，如果百思买要保持持续增长，就必须另辟新径。

需要聪明的朋友

　　探索新途径就从 Anderson 到一家百思买店买 DVD 播放机开始。一直让百思买感到骄傲的是，它拥有"能解决顾客难题"的能力，它向顾客提供最先进的产品、最专业的服务。但是，当 Anderson 发现店里没有他想要的能够把 DVD 播放机连接到电视上的配件时——更糟糕的是，店里销售人员对此不知所措时——这位新首席执行官才明白，百思买与顾客的关系不过如此，但事情本不该是这样的。

　　公司的某些领导认为，这个业务不熟练的销售员只是一个个案，这个问题很容易解决——要么加强培训，要么就解雇。但 Anderson 却发现更多的问题，他认识到，百思买以前在家电零售业获得的成功，主要是靠销售松下、飞利浦和索尼这些厂家的最新产品。只有对新产品情有独钟，精通电子技术的早要想让刚刚转型完毕，羽翼还未丰满的百思买发展壮大，就必须走以顾客为中心，而不是以产品为中心的道路。

期接纳顾客群体数量足够大，这种经营模式才行得通。可是现在，即使是对技术一窍不通的顾客也想买计算机、DVD 机、等离子电视机等电子产品。更重要的是，他们希望将这些电器捆绑使用。Anderson 知道，大部分顾客需要在安装和使用这些产品上得到帮助。要想让刚刚转型完毕，羽翼还未丰满的百思买发展壮大，就必须走以顾客为中心，而不是以产品为中心的道路。

为了转型，Anderson 首先召开了几次会议，让高层主管们接受自己对未来的设想，可是却困难重重。由于对公司成功充满信心，以产品为主的理念深入人心，公司的高管们对改革的提议打不起精神。看来需要给企业一次猛烈的震荡才行。Anderson 请来外部管理咨询顾问，对公司进行彻底整顿。只是在这时人们才恍然大悟，新来的首席执行官看来是要动真格的了，非要转变只盯住产品的经营思想，一再强调顾客的满意度。

在修订百思买的战略时，Anderson 根据自己买 DVD 播放销售人员必须做顾客"聪明的朋友"，帮助顾客解决所有问题，改善顾客的购物体验。

机的经历，确定了问题的性质，找出了解决方法。这个问题就是如何能先把顾客引进店里，即便是他们自己都不知道要买什么，需要什么。Anderson 倡导的以顾客为中心，首先要从公司员工自身的转变开始。销售人员必须做顾客"聪明的朋友"，帮助顾客解决所有问题，改善顾客的购物体验。

可谁又是百思买的顾客呢？公司发现，在光顾商店的顾客中，有20%是最可靠的买主，他们为公司创造了80%的销售额。更重要的是，这些"天使们"（这是公司给他们起的名字），对新上市的产品情有独钟，他们根本等不到打折或降价，就急切地将产品拿下。与之形成鲜明对比的是那些讨价还价的买主——如果与"天使"对应，就称他们为"魔鬼"吧。他们总是强调价格太高、不值，并经常退货换货。即便是决定要买，也总是使用打折优惠券或索要回扣优惠。百思买的顾客有20%属于这类人，从他们身上无钱可赚。

Anderson 决定，从此以后公司专心服务于那些"天使"顾客，不欢迎那些没钱赚的"魔鬼"。可是这些最理想的顾客真正需要的是什么呢？电器零售商能为他们解决什么问题呢？Anderson 把公司的高层经理们分成 6 组，让他们专门研究销售数据、顾客忠诚度记录和焦点小组调查的分析报告。结果把盈利性顾客分成了 5 个类型：

➤ 深谙技术的年轻成年人，热衷于最新出品的智能电话、音乐、电影和电子游戏。

➤ 有钱的、来去匆匆的专业人员，为家庭娱乐或专业服务的需要寻购最佳产品。

➤ 成年男性，关注结实、实惠、耐用，能改善家庭生活质量的产品。

➤ 时间紧迫、忙碌，住在郊区的妈妈们，需要安全可靠的设施来辅助对孩子的教育和娱乐。

➤ 小企业主，寻找管理和扩展企业所必需的技术和专业知识。

接下来是对每一类顾客群体进行深入全面的了解。为此，百思买成立了 3 人小组，负责跟踪顾客，制定具体的、有针对性的策略。例如，作为跟踪"忙碌的妈妈们"这个顾客群体的领头人，David Williams 负责了解这位妈妈的一切——从她的基本性格、态度、生活方式到购物的动因。更重要的是，要知道她面临的主要问题是什么。最后对所有的信息进行归纳，确定出一个最迫切的问题：这个顾客需要百思买提供什么帮助？然后，Williams 与小组的另一名成员一起，制定出一个能将这位忙碌的妈妈吸引进店的策略，针对这类顾客设计制作广告，为她们挑选出产品的系列组合，根据她们的喜好布置店内的商品，并提供店内儿童游乐区等。小组的第三名成员，也叫平台领头人，与商店经理一起，制定出以这类人群为目标的商店应采取的有针对性的策略，并根据她们的特点专门训练销售员。

由于每个店可能面对的群体不止一个，各店也不愿意接待不符合本店范畴的顾客，因此需要对每个商店进行分析，确定他们服务的主要顾客群体。比如，忙碌的妈妈们如果进了专门面向年轻人的店，那儿吵闹的音乐声和闪光灯，就会让她们感到不舒服。同样，年轻人也不会喜欢商店里专为妈妈们开设的那些儿童游乐区。但是，这些妈妈们与成家的男人互不冲突，而需要家庭影院的有钱人与成家男人和小企业主则可以和平共处。实践中，大部分组合都相安无事。

这个计划的细腻周到让人印象深刻，公司上下付出的努力也令人敬佩。他们必须这样做，因为 Anderson 非常清楚，如果以顾客为中心的转型不成功，百思买就将面临一场灭顶之灾。所有行动都必须缜密策划，认真检验，谨慎地按部就班地执行，而且对员工要给予充分的培训和业绩考核。

奇客队领先

百思买实施转型的确有自己的优势。尽管公司以前以产品为主，大部分热情高涨的销售员——以蓝衫著称——都经过标准操作平台的训练，这是一个旨在保证连锁零售店完整统一的操作程序。新的改革计划必须与这种训练接轨。碰巧的是，百思买以前收购了一个奇客队，一个由本地居民组成的，人数不多的计算机服务公司。转型后，这个奇客队可以加固连锁店庞大的顾客支持结构。

目前，奇客队人数多达 2 万，分散在百思买在美国的1 000多家连锁店和独立店里。奇客队队员除了产品维修外，还非常愿意帮助顾客安装家庭影院、平板电视或其他任何设备，不管这些设备是否是从百思买购买的，他们仅收取安装费。截至 2002 年 2 月为止的财务年度，预计仅奇客队给公司带来的收入就达 23 亿美元。

2003 年 6 月，百思买建立了 4 个示范店，旨在制定和检验面向 5 个基本顾客群的策略。虽然各店仍然为进店的每个顾客服务，但是店里的产品分类、展示、布局、照明、引导标识和背景音乐都是根据 1~2 个顾客群的特点而制定的，每次新配置都经过了反复地检验。最后，这些示范店的数量增加到11 个。从那年的 9 月份开始，经检验遴选出的服务概念首先在 32 个试点商店执行。比如，面向技术精通的年轻人的店，以移动电话、GPS 装置、电影、音乐和游戏为主打产品。面向小企业主的店储备了大量的品种齐全的产品，如网络服务器计算机，并大力推广奇客队。面向有钱的专业人士的店则以豪华的、由大屏幕平板电视、环绕立体声和奢华的观看沙发构成的家庭影院为主。

Anderson 认为，百思买要成功地从以产品为中心转变到以顾客为中心，还必须实施以员工为中心的管理思想。因为对顾客的识别，为顾客解决问题都要靠员工来完成。百思买历来就不太关心自己的员工，相反，公司经理们苛刻，工作时间漫长，员工辞职频繁。Anderson 决定走自己的路，他相信，公司现有的 12 万员工是一个巨大的蕴藏着无限潜力和良好商誉的人才库。他指示顾客群体小组下到商店里，与销售人员打成一片，确保店里的销售员了解他们服务的特定群体。销售员还要接受 20 个学时的课堂教学、2 个星期的现场实习和一个有经验的老销售员的示范教学课的培训。为了让这些工作更有意义，培养员工的企业归属感，员工们还学习一些财务基础知

识，如营业净利、投资回报率。公司还鼓励员工大胆尝试自己
在接待顾客方面想到的好点子。

为了实施以顾客为中心，不断创新，在员工中集思广益，
提高顾客的购物体验，Anderson 鼓励商店经理们根据本地的情
况调整营销策略。比如，可以用韩语、西班牙语或越南语做广
告。各商店每天召开晨会，讨论前一天的成果，经理也可以介
绍好的做法，或通过放录像来演示员工与顾客的交流过程，对
优缺点进行分析评价。公司还鼓励员工以顾客的身份逛商店，
从顾客的角度观察和评价购物的过程，做到换位思考。在加州
的帕萨迪纳市，面向"忙碌的妈妈们"这个顾客群的一名店
员，在逛完商店后提出，把小家电和大家电分开摆放，把小家
电放在商店过道两旁的低层货架上。结果，仅几个月的时间，
小家电的销售额就呈两位数字增长。另一个店员的点子也很奏
效，他建议在家电销售区内，将精心挑选出来的家用电器，按
照实际家庭的摆放模式展示给顾客。

销售人员经常与顾客聊天，了解他们的生活方式和需求。

> "公司所有人员不再做任何浪费工作时间，浪费顾客时间，浪费公司钱财的事情。"

比如，一个寻购商用计算机的顾客可能被引荐给奇客队队员，因为他可以为顾客推荐最佳配置，介绍一些相关的配套设施，如网络、打印机、互联网链接等。

在 21 世纪 20 年代即将来临的时候，百思买的以顾客为中心，以员工为中心的经营思想仍将继续盛行。但公司更愿意尝试新的不同的东西。例如，公司 4 000 个总店的所有职员正在实施一项新计划，叫做"只问结果的工作环境"（Results Only Work Enviroment），简称 ROWE，包含约束员工行为的 13 条戒律。第一条规定："公司所有人员不再做任何浪费工作时间，浪费顾客时间，浪费公司钱财的事情。"计划的参与者可以按照个人的意愿自由安排工作时间。有的人可能喜欢呆在家里打电话销售产品；有的人可能选择下午不上班，去游泳；还有的人可能早晨 10 点钟上班，下午 3 点钟下班。只要他们能完成预定的指标，任何工作形式都可以接受。

对百思买的各方面考察后，我们发现，该计划实施后的前 6~9 个月，公司的生产率平均提高了 35%，员工自动流失率

"促使百思买成为一个女性工作和购物的天堂"。

明显下降。我们的结论是，参与 ROWE 计划的员工比以前更快乐，更清楚自己的贡献，对公司的归属感和工作的满足感更强。

ROWE 计划是两名人力资源部职员在高层主管不知情的情况下发起的。但是，当公司领导层发现该计划在几个部门中都产生效果后，立刻在全公司推广。

公司的另一个突破是一个叫做"妇女领导论坛"（Women's Leadership Forum）的组织，简称 WOLF。这是一个由百思买国内几千名员工和顾客组成的群体社交网络。WOLF 也是由一位女执行主管创建的，也没有经上一级领导的审查，各个群体成员在自己的网页上"共同为企业搞创新，互相交流联络，并把信息反馈给自己的社区"。该网络的首要目的就是将百思买的女员工比例增加到 50%，并希望成员们能够开发和完成自己的革新项目。这些项目既可以与他们所居住的城镇有关，也可以是"促使百思买成为一个女性工作和购物的天堂"。这些群体还向百思买就如何提高女性顾客的服务质量他总是把自己描述成一个"抢棒球棒的拉拉队长"。

等问题提供反馈信息。

百思买在从以产品为中心转变为以顾客为中心的早期阶段并不是一帆风顺的。新战略是总部布置下来的，由 Anderson 发号施令。那时，他总是把自己描述成一个"抢棒球棒的拉拉队长"。后来他学会了撒手放权，让经理们自己管理。可是当以顾客为中心的模式在 2005 年开始向其他 144 个商店推广时，却遭遇阻力，这使 Anderson 非常担心。百思买在第三季度的股票收益率比预先估计的每股低 2 美分，一天之内，股票价格就下降了 12%，市场价值损失了 20 亿美元。Anderson 后来承认，问题出在我们太急功近利，性子太急。他说："我们的战线拉得越来越长，我们知道我们正奋力推行，但是推得太过了。"

转换成本在上升，要给刚培训过的员工和生产效率高的员工提薪，实施以顾客为中心的商店经理每年的薪水高达 15 万美元。同时，那些还未开展以顾客为中心的商店员工士气受挫。一位经理抱怨说："这样怎么能调动基层商店员工的积极

"我们是箭在弦上，不得不发。"

性呢？他们可是主力军啊，别人只是在做一点小小的创新，而这些基层销售人员才是在维持机器正常运转。"

然而更严重的是，新战略正在破坏公司传统的权力结构。在原来的企业文化中，公司的采购部——也是它的销售部——负责策划所有产品营销活动，制定所有产品价格，管理所有库存。他们监管着公司与供应商的关系，把握技术发展趋势，洞察盈利机会。他们的权力无所不包，大到新产品上市，小到店内标示牌字体。可是现在，这些权力没有了，他们的角色沦为配角了。Anderson 根据产品种类建立了新的销售规划部——如企业类产品、音乐类产品、游戏类产品等——他命令采购部与顾客群体小组合作，保证每个顾客购买的每样产品都能实现利益最大化。但是，这两个部门的利益往往很难相容。经过了几年的努力，新的企业文化才被公司上下全面接受。

在解决所有问题后，一个基本事实显而易见：转变了经营战略的商店总是比传统的商店增长快，利润高。2006 年 Anderson 对外宣称："我们是箭在弦上，不得不发。"

那年年末，百思买完成了令人胆战心惊的全线转型任务，所有连锁店都转变了经营模式，结束了冗长的、一个店一个店的转型工作。虽然如此艰难，但成果不言自明：截止到2008财务年度，百思买的以顾客为中心的3 900个商店遍及世界13个国家。自Anderson上任以来，每年销售额都增到400亿美元，年均利润增加16.5%。

未雨绸缪

几个月后，金融危机在世界上全面爆发，百思买也应时暂且偃旗息鼓。Anderson宣布退休，让一个在百思买工作了25年的老员工，Brian Dunn接管公司。公司总部裁员500人，允许4 000名员工变卖公司股权，将12亿美元的扩张预算削减50%。商店大减价，公司发起一场全面的商店自有品牌中低档产品的推广活动。

结果，在2009财务年度，百思买的销售额攀升了13%，

> 产品的连接性是公司下一步成长的动力。

达 450 亿美元，利润高达 10 亿美元。取得这样的成绩，在一定程度上应归功于公司的两个主要对手——Circuit City 和 CompUSA。用一位业内人士的话说，这让百思买成为"坚持到最后的人"。但公司的以顾客为中心的战略，不论其推力大小，都让企业获益匪浅，Anderson 的后任也功不可没。

Dunn 沿着他的前任指引的道路继续前行，力挺以顾客为中心的战略，强调产品的连接性。他认为产品的连接性是公司下一步成长的动力。

在 Anderson 领导百思买实施以顾客为中心的战略时，技术聚合概念还处于萌芽期。可是现如今，技术聚合效应无处不在。顾客希望能够将信息数据在网络和手机、计算机、电视以及其他新出品的小巧器械之间转存互换。更重要的是，Dunn 将产品连接性看成是对电器产业的一大恩惠。他说，产品连接性每年可以创造 2 500 亿美元的产值，远远超过经济衰退的 2009 年 1 650 亿美元的市场价值估算。连接性技术领域利润幅度大，不仅包括价格渐落的小家电，还包括卫星电视、数码摄影、消费者安装费等产品和服务项目。

为了挫败那些想偷走百思买生意的敌手，Dunn 构思了一个计划：通过整合百思买的店面，让那些聪明能干的、并能以理想价格提供最热门产品和优质服务的人来经营。

以手机销售为例，购买手机通常是件很困难的事，除了没完没了的通话费率套餐令你头痛外，还有众多的品牌，让你目不暇接，难以决定。百思买连锁公司首先从百思买手机公司开始着手解决这个问题。这是它的一个成立于 2006 年的子公司，现在在百思买的各个零售店都有自己的产品出售。百思买手机品种繁多、配件齐全，销售员都经过 80 多个小时的培训，每人配备称为袖珍保护器的一种流动指令手册，可随时对手机的各种问题进行解答。

2007 年中期，百思买还推出了一种辅助性服务计划，对销售更多的连接性产品意义重大。其中一项辅助服务是名副其实的移动办公。手机销售员指导消费者如何运用新买手机的各种功能设置——从听音乐到上网浏览，发送短信——这

"被吸引进店和访问公司网站的顾客通常比其他顾客消费得多。"

个服务一直持续到消费者离开商店为止。移动办公是一项免费服务，得到 Dunn 的大力赞赏。虽然没有创造收益，但这个服务恰恰能让顾客联想到百思买这个名字，随之而来的肯定是收益。

百思买的另一个首创是奖励地带，针对的是百思买的铁杆顾客。忠诚度计划的参与者每次购物都可以积分，领取免费商品。他们还可以收到免费杂志、特价优惠券和会员日邀请信。每年在店里消费 2 500 元以上者可以升为高级银卡会员，享受额外积分、专线服务电话，在周边城市举行的职业棒球联赛等特殊待遇。公司在描述奖励地带计划时，提出的问题是："为什么给他们特别的爱?"回答是："被吸引进店和访问公司网站的顾客通常比其他顾客消费得多。"

Dunn 并不满足于他的大卖场里已有的产品和服务。他稳步前进，又有了改革的想法，他要让公司有权决定，未来哪些产品可以摆在商场的货架上。百思买的员工经常与供应商代表交流意见，对他们的产品设计和生产施加影响。甚至，公司正

> 价格战是残酷的，结果是两败俱伤。

在投资一个风险投资基金，鼓励前景广泛的新技术研发，如数码保健器械、环保交通工具。目前，顾客已经可以买到百思买的独家经营产品，如电动摩托车、能记录个人日常活动信息的腕带监视器。

因此，Dunn 的竞争对手对百思买享有的产品制造发言权，越来越感到忧心忡忡就不足为奇了。在消费者需要的产品储备竞赛中，他们的担心已被远远甩在后面。Dunn 显然正在追求一种战略领先优势。虽然人们都知道，他是一个善于把问题当成机遇的人，而且声称百思买不会被降价这个拳头打倒；价格战是残酷的，结果是两败俱伤。如果他能够将百思买变成一个新产品的试验场，他就一定能在自己的企业和竞争对手之间建立起一面防火墙。

你向百思买学习什么

➤ 亲临第一线。正当百思买的经理们都在高枕无忧的时

> 领导者需想顾客之所想，急顾客之所急。

候，首席执行官 Brad Anderson 察觉到公司就要遇上麻烦。他在百思买的一个连锁店购买 DVD 播放机的经历，让他坚信百思买需要改革。不仅仅是因为这个商店没有他要的配件，销售员不知道该怎样帮助他解决问题，而且这次不愉快的经历让他想清楚了，在未来技术聚合的时代，公司究竟应该走哪条路。远离基层、不了解情况的领导做决定往往是根据理论，而不是自己的观察，他们的决定鲜有成效。领导者需想顾客之所想，急顾客之所急。

➤ 顾客选择我们，我们也选择顾客。在对公司的发展方向作决策之前，要研究你的顾客群。由于营业日被压缩，许多企业从来不做这样的功课。Anderson 成立了 6 个由经理组成的小组，要求他们仔细研究销售数字。结果表明，他们发现有 5 种不同的顾客，他们的需求大不一样。这些新发现让 Anderson 按照产品种类来调整以顾客为中心的模式，商店也根据不同群体顾客的需求设计和装修。顾客种类包括精通技术的年轻人、忙碌的妈妈、有钱的专业人士等。

> 能让你保持独特优势的只有你企业里精明能干、训练有素的基层员工队伍。他们才是当代的"好产品"。

> ➤ 光靠好产品还不够。Anderson 得出了正确的结论，仅靠提供好产品已经不足以建立和保护自己的顾客群。近年来，零售业靠某类产品而获得的短暂的优势一夜间就会被动作敏捷的对手一扫而光。如果顾客在其他大卖场找不到他想要的东西，他完全有可能到网上搜索。能让你保持独特优势的只有你企业里精明能干、训练有素的基层员工队伍。他们才是当代的"好产品"。

> ➤ 千万不要轻视对员工的关爱。百思买历来是以对员工苛刻，而不是溺爱著称。但是 Anderson 认识到，要进行重大改革，必须让一线员工发现和解决顾客的问题。他视员工队伍为巨大的人才和商誉储备，积极发挥他们的潜力，让销售人员与每个顾客群体小组配合，让他们更深入全面地了解每个顾客群体。他将课堂教学、现场实习，还有优秀销售员的示范教学、基础财务知识讲座相结合，对员工进行培训。百思买在过去的 8 年里，销售收入增长了近 130% 就是对这些改革成绩的最好评价。

> 规则是好的，也是必要的。聪明的企业对忠诚的员工应该放他们一马。

➤ 饮水思源。百思买的领导层一再表明，公司只有创新才能生存，而且依靠自己的销售人员不断提出好点子来改善顾客的购物体验。难怪他们能应对自如——根据当地市场情况调整营销策略，召开日常会议点评工作表现。经理鼓励销售人员就最佳操作方法展开讨论，提醒他们从顾客的角度思考问题。创新产品一出台，销售额就上来了。更好的是，销售人员与顾客打成一片，了解他们的需求。几十年来，许多企业倒闭是因为他们没有认识到，能对一项工作提出最好建议的人大部分是亲自做过那个工作的。百思买鼓励人们在工作中试验自己用来吸引某类顾客的好点子，并制定规则认可检验他们的好点子，对成绩给予评价。但是创新也伤害了一些员工的积极性，他们回避这些规则——可是当他们的好点子取得成果时，百思买的领导们就大加赞许。规则是好的，也是必要的。聪明的企业对忠诚的员工应该放他们一马。

➤ 修正路线。任何人都会犯错误，百思买的领导们也不例外。他们从错误中吸取的教训帮助他们走在更加成功的道路

> 急事缓办，走好每一步后再
迈出下一步。

上。Anderson 早先承认过，他曾经想用首席执行官的权威强迫员工接受以顾客为中心的理念，他将自己描述成一个"抢棒球棒的拉拉队长"。后来他懂得了命令与领路之间的区别，让员工在实施这个新方法中承担一定的责任，缓和了与公司员工的紧张关系。

➤ 放慢新战略成功实施的步伐。Anderson 急于将新战略付诸实施，过于性急，导致店面数量增加过快，执行团队的人手不够。结果收益未能达到预期的指标，股价暴跌。督促手下人尽最大努力工作并没有错，但千万不要让他们为了满足你的不现实的期望而过度疲劳。开展一项改革并坚持下去的最佳方法是你老祖母给你的忠告：急事缓办，走好每一步后再迈出下一步。

➤ 充分的准备和良好的沟通是成功不可或缺的。在商店慢慢转型，采纳新策略的过程中，有两伙员工感到不满。一是那些还未实施转型的商店员工等得不耐烦了。二是曾经把持公司的产品定价和供应商关系这些重要权利的采购部人员，他们

> "动荡的年代会使强大的品牌、强大的企业、强大的社会更加强大。我们也一样。"

突然间发现自己必须听从顾客群体小组的指挥。这两个问题都是不可能完全避免的。但是如果准备工作充分，与相关人员的交流沟通细致，这些令人头痛的问题是可以避免的。为了转变员工的态度和行为，花一些时间和精力是值得的。

由 Brad Anderson 亲自发动的，由 Brian Dunn 接班继续进行的这次改革，给百思买带来了光明的前景。Dunn 在谈起严重不景气的经济时说："那是一场致命的暴风雨。"但是经济衰退不会永远持续下去，他对百思买以顾客为核心理念的生命力深信不疑。他说："动荡的年代会使强大的品牌、强大的企业、强大的社会更加强大。我们也一样。"

4

家得宝：
将橙色精神进行到底！

一个不同的信号

商场里的围裙

忠告加援助

顾客的观点

供应商和需求

铸就成功

家得宝给你的启示

现在的家得宝公司，鱼子酱和玫瑰花的时代已一去不复返。那位薪水丰厚，极度自负的首席执行官也拂袖而去。这个世界上最大的家装连锁店终于放慢了它残酷无情的扩张脚步，到了几乎要止步的境地。公司卖掉了 34 个设计展示中心、14 个专卖店，以及其他宏伟壮观的大楼和帝国扩张时期兼并的资产。现在剩下的家得宝是一个拥有 35 万员工，2 238个遍及世界各地的连锁店，年销售额达 710 亿美元的企业。

几乎不被人知的是，Frank Blake 上任两年来，仍以购物者的身份光顾公司的商店。似乎他不可能是家得宝的救星。但是，Frank Blake 和他的管理团队却扭转乾坤地拯救了一个企业。他的故事给我们每个人上了一课。Blake 仿佛扑灭了一颗正在燃烧的炸弹，让它改变行进路线，并让爆炸碎片轻轻地落在安全地带。

点燃这颗炸弹的人是 Blake 的前任——Robert Nardelli。要好好欣赏这次逆转的过程，我们需要先了解 Nardelli 的炸弹。

"事实是友好的"。

至少可以说，是他毁灭了家得宝这个品牌。家得宝完全是靠自己的员工队伍起家的。他们戴着橘黄色围裙，举止和蔼可亲，知识渊博丰富，主动热情地为喜欢自己动手的顾客提供专业咨询服务。Nardelli 给他们的待遇却是：工资封顶，福利削减，部分员工改做小时工。在老员工因不满辞职后，他雇用二流的、专业知识一窍不通的平庸之辈。结果怎样？顾客跑光了。

2001 年，Nardelli 未能继 Jack Welch 之后任首席执行官，对此他耿耿于怀，愤然离开通用电器公司后进入家得宝。Nardelli 与家得宝经过一番讨价还价，为自己争得丰厚的薪酬待遇。仅在 2006 年 5 月之前就赚了 2.45 亿美元。他本人狂傲自负、专横跋扈。仅这两点就足以证明，是他给家得宝带来灭顶之灾。他的管理风格几乎是帝王式的独裁统治。他以每天吃定制的行政级工作午餐，出门必乘飞机的腐败生活方式，发号施令、压制异己的工作态度而臭名昭著。

人们普遍认为，Nardelli 是一个不惜一切代价也要完成预期季度指标的首席执行官。他喜欢说的一句话是"事实是友

> 家得宝的一句著名口号是
> "你提问题，我们解答"。

好的"。为了更好的掌控员工队伍和降低培训成本，他强行修改商店经理做出的人事决定，并在每个经理身边安插一个从亚特兰大总部派来的人事督导员。这虽然是一项标准化举措，但却增加了商店的成本。Nardelli 还要求商店经理花大量的时间撰写报告，并每周和每月向总部提交。

作为进入家居用品批发市场这个宏伟计划的一部分，Nardelli 花了 80 亿美元收购了 30 家企业。为了弥补亏空，他就在其他方面，尤其是在销售人员的招聘和培训上削减开支。

在家得宝一直被称作伙伴的员工们，努力地工作，企盼公司快点儿涨工资，结果却盼来工资的冻结。让员工感到震惊的是 Nardelli 甚至削减员工福利。更糟糕的是他将部分员工转为小时工。结果在岗的销售人员纷纷离去，所剩无几。

家得宝的一句著名口号是"你提问题，我们解答"。可是这句话现在却成了顾客在购物时得不到帮助的讥讽笑柄。顾客们还抱怨说，即使找到销售员，结果也是一个慵懒粗俗，一问三不知的糊涂虫。时至今日，仍然有人为了发泄胸中郁闷，在几家互联网网站上慷慨激词，抱怨诉说在家得宝的遭遇。

家得宝似乎并不是不知道自己的问题。2006 年，高级行政主管们曾要求 Nardelli 提高员工工资和福利。Nardelli 也做出了些微小的让步——在现有平均小时工资的基础上增加几个百分点。显然，他并不认为这会起多大作用，他曾经说："公司可是一点好处也得不到。"

被许多人称为董事会最大耻辱的事情是，Nardelli 通知董事会成员不必出席 2006 年 5 月召开的年会。为什么呢？因为他猜到会议上肯定会有争议，来自基层的经理大概会提出问题。此后不久，董事会表示要对 Nardelli 的薪酬重新谈判。2007 年 1 月 3 日他辞职了——拿走了 2.10 亿美元的巨额离职补偿金。

一个不同的信号

在哈佛接受教育的律师 Frank Blake 几乎在 Nardelli 接管家

得宝时，就开始关注这辆走向毁灭的列车。2002 年，作为公司执行副总裁，他加入了家得宝。他曾任美国最高法院的法庭书记员、通用电器公司的高级行政官员。他喜欢企业管理，但从未梦想自己能成为世界 500 强企业的首席执行官，更别说指挥一场充满风险的扭转乾坤的战役。

Blake 上任以来，家得宝声名狼藉，日薄西山。公司的股票价格从 2000 年每股 65 美元的最高点跌落到每股 40 美元。商店里也是脏乱不堪，存货不足。它的强有力的竞争对手，Lowe 家居公司正在趁机侵吞家得宝的市场份额。Blake 一上任就下决心采取与 Nardelli 完全不同的管理风格。他发出的第一条明显不同的信号就是，他的年薪底线是 97.5 万美元，比 Nardelli 的少一半，其他与业绩挂钩的福利待遇 800 万美元封顶。而且他显然没有索要离职补偿金——这表明了他的决心。他公开撤掉代表职位的炫耀性装饰，行政午餐也免了。现在，他和他的高层领导成员与员工一起在总部的食堂就餐。

Blake 还特意向家得宝的商店经理们保证，他将全力以赴提高员工的福利待遇。他大张旗鼓地宣称说："这不仅仅是我的福利。"为了表明对商店经理和员工的信任，Blake 采取了完全不同的人事管理方法。他召回了 Nardelli 派到各商店负责监督的人事督导。其中有些人甚至由于职位取消而被解雇。

商场里的围裙

2007 年 11 月，Blake 发起了一个称为"商场里的围裙"的计划——提出要从家得宝拮据的资产负债中挤出钱，用来恢复对顾客的服务，重振员工士气。"商场里的围裙"计划对公司的挑战是，削减与顾客服务和提升满意度无关的运营成本1.8 亿美元。节省下来的钱用在人的身上——也就是说，增加商店里戴围裙员工的数量。

一个令人难忘的例子是，运营业务分析师 Amy Robert 率领的一个 14 人团队，通过集思广益，想出了简化财务报表的方法。以前，在家得宝的 6 万员工中，有 2 000 名收银员，他

> "商场里的围裙"计划传递给公司员工的信息是，Blake 非常重视好点子，接受每个人的帮助。

们负有双重责任：出纳和监管。每星期他们要填写 11 份内容不同的报表。Robert 的小组把报表减少到 2 份，还设计出新的收银员考核方法，更多地考虑他们对顾客的态度和让顾客排队等候的时间。Robert 说："这些衡量方法可以提高员工对重视顾客体验的意识。"

据这个小组估计，这次改革方案可以让每个监管员每周场内工作时间增加两个小时。这个方案在家得宝全面推广，就意味着每周增加了 4 000 小时的服务时间——相当于 100 名员工的工作量。

"商场里的围裙"计划传递给公司员工的信息是，Blake 非常重视好点子，接受每个人的帮助——这是与 Nardelli 独裁风格的另一个不同之处。与 Blake 提议的其他计划一样，这个计划也包含了激励措施。Robert 小组成员在一次公司午餐会上得到表扬，每个成员得到一个刻有"商场里的围裙"字样的徽章和美国运通公司（American Express）发行的价值 100 美元的礼品卡。

　　当然，让士气受挫的员工重振斗志并不是一蹴而就的任务。Blake 正在营造一个对员工更友善的企业文化环境。他恢复了员工的福利待遇，改变了人们对家得宝工资理念的认识，即公司宁愿雇两个每小时拿 9 美元的员工，也不愿雇一个每小时拿 18 美元的员工。大约有 8 500 名经理助理可以获得公司的有限制股票，以此作为员工职业发展的承诺，激励员工安心工作。那些在顾客服务上付出特殊努力的员工不仅有资格获得表彰，而且还当场发给奖金，钱数几乎比以前翻了一番。现在获得年终奖金的员工越来越多，部分原因是 Blake 降低了小时工要拿奖金必须完成的销售和利润指标。据家得宝美国店执行副总裁 Marvin Ellison 说，公司仍然激励员工"去创造更难达到的数字目标"，但是 2008 年上半年，店内员工的奖金数量已经达到历史最高点。

　　去年完成绩效指标的商店员工平均每人获得 200 美元的所谓共享成功奖金。2007 年，员工通过共享成功获得的奖金为 6 300 万美元，比 2006 年的 2 500 万有明显增长。2008 年的奖

> 橘黄色围裙给人一种公司一员的归属感，每个人都以做好工作而自豪。

金总数为 8 800 万美元。而且，如果一个员工获得某个产品的技术证书，他的小时工资还能涨。同时，为了预防企业危机和经济滑坡的影响，Blake 还冻结了所有高层官员的薪酬。

Blake 的最终目标是要让员工士气恢复到那些美好时光的水平。在那时，橘黄色围裙给人一种公司一员的归属感，每个人都以做好工作而自豪。现在，他要求员工继续尽最大努力做好工作，团结友爱，互相帮助——例如，为了让一位国民警卫队员和一位奥林匹克运动员保住他们在公司的职位，员工们愿意为他们加班加点；还有家得宝的两个特殊员工——一个接受肾移植手术，一个献出肾脏，员工们都给予大力支持。这些曾经是家得宝企业简报主要内容的高风亮节，在 Nardelli 时期却被看成是堂吉诃德式的狂想或被认为是愚蠢透顶。

Blake 对 *The Atlanta Journal-Constitution* 的记者说："我坚信这是一个建立在价值观上的企业。员工对价值标准的坚信不疑激励着他们的行为。他们谈论价值标准并不感到尴尬，相反，他们赞赏价值标准，并当作生活原则。"Blake 还说，他

"在经济低迷时无所作为是极其可怕的。"

把家得宝员工所拥有的"自豪感和融入血液中的橙色创业精神"看成是企业品牌的一个重要部分，是企业成功的核心，不论是过去还是未来，永远如此。在接受 Georgia Trend 记者采访时，Blake 说，这些是"我们的市场竞争力"。

为了培养企业的价值观，并付诸行动，家得宝向那些履行公司价值观的模范员工授予荷马徽章。谁是荷马？是穿着橙色围裙和戴着棒球帽的吉祥物。获得三个荷马徽章的员工可以得到现金奖金。最后，公司发出了 40 万个徽章。

Blake 至少花了 15 亿美元实施他的以员工为主导的战略。这笔投资能带来回报吗？观察家都认为按理说答案是肯定。花旗集团分析家 Deborah Weinswig 曾撰文说："他做的很多事情都具有教学意义。"Blake 表示赞同说："如果有时间，逛一逛廉价品市场，那对我很有意义。"人们经常听他引用《从善良到伟大》（*Good to Great*）一书的作者 Jim Collins 的话，"在经济低迷时无所作为是极其可怕的"。

家得宝的老员工都赞成 Blake 的方法。"金字塔又倒过来

> "我们一同经历美好时光，走过艰难岁月。"

了；我们又回到原来的伙伴关系和以顾客为中心的状态。"家得宝副总裁、首席学习官 Leslie Joyce 对记者说。

看到 Nardelli 自上而下的组织结构和对员工不利的政策被彻底瓦解，员工们现在恢复了对公司的信心。一位新泽西州南普莱恩菲尔德市的地区经理 Michael Ippolito 不屑一顾地表示，艰难时光来来去去，可是伟大的橙色永远存在。他说："我们一同经历美好时光，走过艰难岁月。"另一个年龄 19 岁的家得宝员工说："我对家得宝的发展方向充满信心。"

忠告加援助

Blake 的许多想法和充满信心的洞察还有其他的启示意义。但是管理企业并不是他的老本行。他来家得宝时没有任何零售业经验。进一步讲，不论是做律师，还是以前的其他工作，他属下只有几个人，并且与他有相同的教育背景，而且大部分做的是文案工作。Blake 的学习曲线一直是很陡峭的，这

> 到商店里去，与员工交谈。更重要的是倾听他们的诉说。

一点毋庸置疑。

　　可是他善于寻找教练和顾问帮助他越过关卡。其中最给力的两个人，都是家得宝的奠基人，Bernie Marcus 和 Arthur M. Blank。Blake 的第一步，也是最有意义的行动就是联系他们俩，寻求帮助。他们的建议非常清楚：到商店里去，与员工交谈。更重要的是倾听他们的诉说。正如 Marcus 说的那样，"让员工明白你已经发现店里出问题了，但你不会解雇他们。"在 Blake 的鼓励下，目前仍是公司最大股东的 Marcus 几次亲自视察商店。在 Blake 任首席执行官之前，大约三年半的时间里，他几乎没跨过家得宝商店的门槛。他说他感到非常痛苦。

顾客的观点

　　Blake 称为的"橙色核心业务"现在是他最喜欢的关注点。他教导店长和店员用顾客的视角看待一切问题——顾客的问题也许是安一个篱笆，也许是管道修理，或者是景观的重新设计。本着这种管理企业观点，家得宝的服务以咨询和提供帮助为主。要做到从顾客的角度看问题，家得宝还需要做到产品对路，价格合理，购物环境舒适，服务周到细致。Blake 认为，没有以顾客为中心的理念，家得宝充其量也只是一个大型专卖场而已。

主管产品销售策划的行政副总裁 Craig Menear 说："我们的整个工作就是帮助顾客解决问题。必须确保是从顾客的角度看问题的。否则，你就陷入了仅仅是销售商品的陷阱里。"为了帮助顾客完成更加困难的项目，家得宝聘用了 3 000 多位大师级的家装专家，主要是电气和水暖方面的专家。

顾客的注意力还被吸引到各个商店的设计风格上。例如，Blake 督促店长重新规划停车场里的停车位线，以便让顾客在装载所购产品时有更大的空间。在制造商的帮助下，他不厌其烦，首先想到将商品以引人入胜的布置展示出来，实用合理，简便易学。家得宝在整个商店都安装了更加明亮的照明系统。

供应商和需求

Blake 刚来时公司采用的是集中供货运作系统，速度慢、效率低。在采购商品之前，来自各方的需求就必须被统计出来，以便大批订货，满负荷运输。满负荷运输当然比不满负荷运输更加经济，而且一批货可以一次送达中心地区仓库，单据整理也简便。但是，这些货物还需要再次分运到各家分店。这意味着订货时间长，货到仓库的时间长，货到各个分店的时间也长。更糟糕的是，货交到顾客手里的时间更长。

Blake 打破了集中采购分运制度，主张采用地区分销中心的做法，用家得宝人的话说，就是快速调度中心（Rapid Deployment Centers）。2009 年初，他已经建立了 5 个地区枢纽，到 2010 年，他要建成 20 个。每个枢纽只需要向本区内 100 家分店送货。

这些配货中心的许多责任由管理商店货架存货的店长承

担。他们可以确定顾客的需求，根据当地市场需求调整库存量，根据季节变换产品种类——如密苏里州的顾客对草坪躺椅的需求时间比北达科他州的顾客早一些；路易斯安那州几乎不需要除雪机，但对除虫器的需求却很旺盛。

铸就成功

有迹象表明，家得宝正在以下几个领域取得重大进展：

➤ **市场份额。** 在 1990 年，家得宝提出最顺应当时局势的推广口号："多多省钱"，发动了强调价格低廉、品质上乘的促销活动。支持这场活动的战略考虑是，随着经济走向低迷，顾客会再次自己动手装修和改造住房。他们会向任何商家购买低价产品，但会选择到那些比较可靠的，像家得宝这样的家装供应零售商。

理论证明和近期的调查结果表明，家得宝在 13 类产品中，从 Lowe 公司手里抢回了 9 类产品的市场份额。也许是那些价格意识较强的顾客离开 Lowe 公司相对豪华奢侈的服务，到家得宝来体验最基本的仓储式的购物方式，因为这一直是家得宝的招牌。

➢ 员工留任。尽管家得宝很少就准确的员工流失率作任何评论，不过最近公司还是透露了从 2007 年到 2008 年，小时工自动辞职率下降了 14%。虽然形势紧迫的就业市场会促使一部分员工留任，但是 Blake 和他的公司为员工提供了很多优惠条件，让员工有充足理由做出留任的决定。

➢ 顾客服务。如果有一个领域 Blake 和他的管理团队作用发挥最大，那就是客服。面对每年完成 10 亿笔交易的 2 200 万顾客，即使是百分之零点几的顾客不满意，这个数目也相当大。Blake 和他的管理层告诫店员和观察员要"控制自己的不耐烦情绪"。他强调说，顾客服务变化造成的结果，需要很长时间才能做出判断。但即使是顾客满意度调查结果有些微提高，也会让家得宝的领导们感到欣慰。一项叫做 Stifel Nicolaus R. E. A. D 的调查项目，对家得宝的评价是，家得宝持续多年能够让公司"成为员工致富的最佳机会"。

的滑坡似乎已经停下来，并开始上升。Blake 听说后很高兴，但却不吃惊。他解释说："我们首先要解决给顾客造成最大烦恼的问题。另外还要解决一些涉及员工聘用期，员工与顾客互动，以及商店的外观给人感受的大问题。"

Blake 目前工作的关键是恢复员工自豪感。遗憾的是，当员工经历了公司的严重挫伤后，自豪感的重建并不容易。两位数增长的时代一去不复返了。股票价值也不可能每隔两年就翻一番。Blake 承认："这是一个心理恢复问题。"但他仍充满热情地相信，他能够让公司"成为员工致富的最佳机会"。凭借他的勇气和胆量，他把赌注押在自己的各项战略上，对商店和店员的投入上。更重要的是，他对家得宝这个品牌所具有的实力和反弹力充满信心。

家得宝给你的启示

➤ 员工士气至关重要。在任何企业里，销售人员对企业

> 他的长期目标是恢复全盛期的橙色热情。

和他所从事的工作的感受直接影响他或她的态度，而态度又反映在对顾客的接待方式上。不论是好是坏，顾客都要作出反应。一定要尊重你的销售人员和他们的工作。Blake 不可能一夜间就逆转已经消沉的士气，但他的确恢复了员工福利，降低了拿奖金所必须完成的指标。他的长期目标是恢复全盛期的橙色热情。从长远看，Blake 相信家得宝品牌依靠的是家得宝人对工作的自豪感。那么你的品牌有什么不同吗？

➤ 改革需要他人支持。由于需要资金来恢复顾客服务，激发士气，Blake 发动公司里的人寻找省钱的方法。员工提出非常好的点子。这些好点子既能让他们参与各项计划，又能赢得物质奖励。Blake 还向老专家们寻求帮助，弥补自己零售管理经验欠缺的不足。寻求帮助总不会错。

➤ 关注你的核心业务。尽量做好你所擅长的事情，尤其在转亏为盈时期。在扩展业务之前，确保你掌握了一项专长。尤其在困难时期，不要在你没把握成功的领域浪费资金。在 Nardelli 掌权时期，家得宝在扩张上投入大量资金。现在，

> 你的货架上积压了多少存货并不重要，重要的是顾客想要和需要什么。

Blake 重新调整投资方向，把资金用在提高现有商店的效益上。

➤ 关注点是项目而非产品。你要问自己的问题是"顾客需要什么"，而不是"我要卖什么"。你的作用是帮助顾客解决问题，而不是销售商品。你的货架上积压了多少存货并不重要，重要的是顾客想要和需要什么。Blake 告诫家得宝的员工要站在顾客的角度看问题——为此他重新配置供货和配货系统，更灵活地满足顾客的实际需求。

➤ 发出信号显示你的意图。Blake 从一开始就表现出他与 Nardelli 完全不同之处，要求的薪酬待遇远比 Nardelli 低得多。他在公司的食堂里吃饭，而不在高级行政人员餐厅享用丰盛的、特制的美味，而且也没有为自己谋得黄金降落伞。即使是签署婚前协议，对遣散费这样的问题也要谨慎，何况工资待遇。但是这也表明他全力以赴做好工作的决心——在家得宝的企业氛围中，这些都是美德。你发出的信号是什么呢？

5

捷蓝航空穿越
情人节大冰暴

蒸蒸日上
因果报应
恢复名誉
措施得当
"一定有更好的模式"
捷蓝航空公司给你的教训

对于捷蓝航空公司 10 万多陷入困境的乘客来说，2007 年 2 月的那场冰暴简直就是一场情人节大屠杀。数不清的航线瘫痪，乘客在机场夜以继日地等待——就像被扣押的人质，连续 15 个小时坐在机场大厅冰冷的地上。冰暴最先袭击了捷蓝航空在肯尼迪国际机场的指挥中心，然后很快就蔓延到它属下的 56 个航班目的地。整整过了 6 天，公司的业务才转入正常。1 000 多个航班被取消，10 万以上的乘客被困，2 500 件行李丢失——其中在肯尼迪机场还有许多堆积如山的行李，媒体的宣传报道更是毫不留情。

捷蓝航空自成立以来，一路高歌猛进，仅用 8 年时间就跻身于全美最大的八家航空公司之列。公司以服务一流、价格适中而著称。在此次危机中，公司采取的行动可谓迅速有效。公司创始人，首席执行官 David Neeleman 承受着媒体连续不断地采访和质询——从 CNN Anderson Cooper 主持的《早新闻》，到 David Letterman 主持的《大卫深夜秀》——从 YouTube 视频网站，到全国性报纸的整版新闻，他一遍又一遍地道歉说：

希望终于战胜了经历。

"我们的歉意无法用语言来表达……"

更难能可贵的是，公司上下辛苦数月，终于把几个月来都未被发现的问题找出来并予以纠正。正是由于这些问题的存在，使此次事件升级为几乎置企业于绝境的灭顶之灾中。值此经济低迷时期，而且公司正处于在 3 个月里损失 10 亿美元的困境中，捷蓝航空仍能靠员工的共同努力，转亏为盈，继续盈利。研究这次危机的管理过程对任何行业的经理都大有裨益。

蒸蒸日上

捷蓝航空的成立让人们想起 Samuel Johnson 对再婚的描述：希望终于战胜了经历。航空业从来都不是好做的生意。从第一架双翼单引擎飞机开始承载乘客起，损失的钱远远超过赚得的钱。自 1947 年航空协会开始计算航空产业的业绩开始，全产业共蒙受的净赤字达 140 亿美元。从投资者的角度出发，航空公司的表现正中了 Warren Buffett 曾经说的那句俏皮话，

"我们从事的工作程序中，最重要的方面是人。"

"要是当年有人把怀特兄弟一枪打死在基蒂霍克就最好不过了。"但是，西南航空公司通过大力削减成本，创造了一个与众不同的盈利经营的方式。西南航空不像其他刚起步的公司那样，使用耗油量巨大的旧飞机，而是采用新型高效的飞机，雇佣年轻、资历低的飞行员，提供令乘客难以忘怀的旅途体验。Neeleman 注意到了这些特点，下决心在美国的另一端效仿它办了一家航空公司。

效仿很起作用。同西南航空一样，捷蓝航空也招聘性格外向的机组人员，提供一流的乘机服务，用点对点航线取代轴心辐射模式的航线。公司以不拘礼节、轻松愉快的服务风格而自豪。"我们从事的工作程序中，最重要的方面是人。"Neeleman 的继任，首席执行官 Dave Barger 如是说。任何乘坐捷蓝航空班机的人，都能保证赶上飞机，并且得到一张飞行路线图和电子系统。巴格尔说："文化是无法复制的。"捷蓝航空宣扬的核心价值是：安全、诚信、细致、热情、娱乐。公司票价低廉与优质服务相结合的特点，赢得了一个昵称"西北地区的西南航空"。不过捷蓝航空将西南航空的模式进一步完善：与西南航空不同，公司提供预留座位服务，座椅后背电视免费观看，无限量小食品供应，并开辟了国际航线（主要是加勒比海地区）。在公司成立 5 年后的 2005 年，捷蓝航空在受人尊重的 J. D. Power 调查公司进行的消费者满意度年度调查中，战胜所有经济型航空公司，荣获第一名。

在首航后不到一年的时间里，捷蓝航空就传出不断盈利的好消息，连续 4 年共创利 2.5 亿美元——而同期，美国最大的 10 家航空公司加在一起蒙受的损失为 285 亿美元。自开业以来，捷蓝航空每年以 30% 的环比增长率成长。但是这种快速扩展也带来了痛苦，由于购买新飞机，开辟新航线，飞机维护和其他经营成本等，使公司成本剧增。燃油价格，这个航空公司最大的一笔开支也开始上涨。因此，2005 年和 2006 年，捷蓝航空都在赔钱经营。由于过于关注成本控制，急于转亏为盈，公司终于被内部沟通不畅，行李搬运和机票预定系统不能满足顾客日益增加的需求等问题所困扰。

因果报应

　　2007 年 2 月 14 日的那场冰暴引发的清算终于开始了。根据天气预报，冰暴会很快转为雪和雨，捷蓝航空做出的调整是，按时把飞机停泊在肯尼迪机场登机口等待气象预报的突破、好转。Neeleman 的信条是，不到万不得已决不取消航班。根据同样的信条，捷蓝航空的到站班机也没有被取消或返回。可是当它们到达机场时，停机口已被等待出发的飞机占用。公司发言人 Bryan Baldwin 说："飞机跑道上停满到站的飞机，所有登机口都塞满飞机。我们陷入僵局。"按照规则，航空公司不允许停在登机口的飞机卸货，理由是飞机可能会偏离起飞跑道位置，致使乘客返回时不得不重新检票。结果，这些倒霉的乘客只能等在机舱里，机组人员千方百计地安抚他们，有一些乘客以为已经到达目的地，正等着开门……很多飞机被冻在飞机跑道上动不了，只有等地勤人员来把轮胎解冻。与此同时，焦躁不安的乘客用手机拍下当时的场面，发给新闻媒体。顿时，消息传遍全国各个角落，报纸上、网站的视频上充满着这些衣衫不整、蓬头垢面的乘客形象，厕所里一片狼藉，婴儿哭叫声连成一片。

乘坐从纳什维尔飞来的，9 点半前到达的航班的乘客 Yossi Glieberman 告诉 *Newsday* 的记者，在等待的最初 4 小时里，一切还算正常。小食品可以随时发给大家，飞行员一再向大家道歉，服务员也允许乘客用飞机上的插座给手机充电。孩子们还帮助推车，分发饮料。"飞机上的气氛很和谐。" Glieberman 说。可是，当厕所被停用后，人们的神经开始紧张，甚至羡慕飞机上的两只小狗，它们可以在后舱把尿撒在报纸上。在飞机落地后 7 个半小时后才终于跨进肯尼迪机场大厅的乘客们都发誓，今后绝不再乘坐捷蓝航空的飞机了。

捷蓝航空的首席信息官 Charles Duffy Mees 回忆说："这场风暴来得真是时候，正好赶上飞机载客率爆满的假日。"他刚上任才三个月，对整个公司的系统刚刚熟悉就赶上了这次危机。"我们只能是拆了东墙补西墙，越忙越乱。" 他对 *CIO* 杂志记者说："我们真想取消航班时却发现没有足够的座位调剂这些乘客，只能让他们等几天后再安排。"

　　冰暴来临时，通常在办公室办公的 Mees 整天都待在机场里。他整夜只睡了一个小时，哪里有问题他就赶到哪里——如帮忙抛掷行李，到售票处值班，接待怒火冲天的乘客，但是他不具备解决疑难问题的技术能力。"在行李认领处，有几个身强力壮、怒不可遏的人有好几次都对我们的工作人员武力威胁，我非常担心。"Mees 说。

　　Mees 说："危机持续了两天半，我不得不到售票柜台告诉在那儿等候的所有人——大厅里已有两三千人等候——我们准备停止夜间航班，只有停在登机口的飞机才能起飞，可是这些飞机已经没有空位。" 顿时，人群中传来各种各样的抱怨声。不过也有一些人表示感谢。他们感谢的理由是允许他们回家，而不是没完没了地听播音员播报飞机晚点 30 分钟的通知。

恢复名誉

为了减少损失，Neeleman 又踏上媒体采访巡回游，每次都真诚地表示歉意，并承诺今后不会再发生这样的事。在航班还未恢复正常之前，除了其他措施外，公司还发布了一个"人权法案"作为对乘客的保证。今后凡乘坐的航班延误 1～2 个小时，乘客可以获得 25 美元的赔偿；任何在飞机降落后因无出舱口位置而等待 1 个小时以上的乘客，可以获得 100 美元的赔偿；如果等待的时间超过 2 个小时，乘客可以获得往返机票的退款或个人单程机票的双倍退款。赶上这次冰暴的乘客可以获得机票的退款，外加一张捷蓝航空任何目的地的往返机票。有时，对那些需转乘其他航空公司航班的乘客，只要他们乘坐的捷蓝航班晚点，捷蓝航空也给予补偿。公司预计退还的机票款总计 1 000 万美元，因这次危机造成的航班晚点的赔偿总计 400 万美元，支付给乘客的未来承诺保证款总计为 1 600

万美元。这些无疑有利于对顾客的安抚，但对媒体的作用却有限。自捷蓝航空公布人权法案以来，*Late-night Comic* 的主持人 Conan O'Brian 开玩笑说，人权法案其中有一条是，有权乘坐 Delta 航空公司的飞机。

Mees 说，捷蓝航空的一个最大问题是系统的不完善，公司的飞机和现有机组人员的比例失调。由于联邦政府规定了飞行员飞行时间的上限，在等待中飞机上工作的飞行员和空中服务员已经超过了工作时限，可是公司的调度在用电子系统进行人员调度时却遇到问题。当称职的飞行员和空中服务员打电话主动提出帮助时，公司的电话线——因被无数打进电话占用——却打不进电话。他们与那些检过票而走不了的被困乘客的家属一样，心急如焚、焦头烂额。

要解决人员调度困难问题，公司着手寻找紧密跟踪机组人员的方法。Mees 说："我们建立了一个网络应用程序，它可以向所有机组人员的手机或呼叫机发短信联系，通知他们报到。"机组人员也可以在网上公布他们的所在位置，说明他们是否有空，是否愿意在休假期间主动请求当班。

在这次危机中暴露出来的另一个最明显的问题是行李跟踪系统，其实公司并没有建立这样一个系统。"这个系统一直纸上谈兵，并没有付诸实施，"Mees 解释说，"由于公司80%的航班都是点对点航线，因此我们觉得没有必要建立供专机用的行李跟踪系统。"可是，在这次危机中，面对行李认领处堆积如山的行李我们却束手无策。成千上万的乘客下了飞机后找不到自己的行李。很快，Mees 和他在肯尼迪机场的同事们就建立了一个系统，专门对无人认领的行李进行扫描，打出名单，公布在网上的数据库上。这样全公司都能随时了解行李的位置。没过多久，堆积如山的积压行李就开始减少，分发出去。

还有一个问题是航班信息显示屏幕太小，无法显示所有航班的信息。这个问题也得到解决。Mees 的手下灵机一动，他们可以利用黑莓移动电话系统显示航班信息。只要给每个机场的前台服务人员配一部黑莓手机，乘客就可以随时了解自己乘

"我们建立了一个语音识别系统。其实，我们是希望所有的人都上网。"

坐的航班情况。

至于电话占线的问题就没有那么容易解决了。Mees 说，在这样严重的危机中，任何一个呼叫中心都无法迅速扩增通讯能力。唯一的办法就是找到一种技术，可以让乘客在无需联系航空公司的情况下解决自己面临的问题，包括询问航班信息，重新订机票，寻找丢失的行李等。他说："我们建立了一个语音识别系统。其实，我们是希望所有的人都上网。"

措施得当

冰暴之后的几个星期里，捷蓝航空的经理们一直在争论是否应该废除 Neeleman 的决不取消航班的政策，或至少应该做一些修改。终于，Neeleman 承认他的这个政策的确是导致此次危机升级的根源。随后在 2 月 26 日和 3 月 16 日，当两次冰暴再次袭来时，捷蓝航空采取了取消所有航班的对策——其中许多航班是在起飞前一天晚上取消的，乘客可以及时得到通知并被安排到其他航班上。结果，这两次冰暴没有给公司航线运转造成太大干扰。

令人吃惊的是，冰暴的负面影响并不太严重。"我想也许在公共关系上，我们做得很到位，"事发一年后，Neeleman 这样说，"我一直告诫自己，犯了错误承认就好。你只需解释原因，说明如何解决，保证今后不再犯并采取相应的措施。就是这样一个简单的公式。"结果这个公式发挥作用了。冰暴给公司遍及世界各地的航班带来的冲击，仅仅几个月的时间就得到恢复。捷蓝航空再次被列为 DJ. POWER 的顾客满意度调查第一名。

但是，这个公式对 Neeleman 本人却作用不大。他说，由于他太忙于控制损失，修复系统，"以至于没有时间及时向董事会汇报事态的进展情况。这是首席执行官的责任，他却没有履行。最终导致董事们自行做出事态发展的判断"。三个月后，Neeleman 被突然免职。

接任他担任捷蓝航空首席执行官的是 Dave Barger，一个

> "要让公司感到自己还很小，正在长大"，要做到这一点，"必须培养人际关系"。

天生的航空公司首席执行官。他父亲是飞行员，母亲是空姐，做飞行员是他一生的理想。但由于视力不合格没能如愿，后来加入了刚成立的纽约航空公司，成为该公司的兼职代理人。经过几次晋升，他进入大陆航空公司，成为该公司纽约机场中心办事处的主任。后来，捷蓝航空的首届董事会招聘他来掌管公司的新航线运行。他从一开始就热情倡导捷蓝航空的企业文化。这么多年来，在佛罗里达州的奥兰多培训中心，他组织领导了公司定期举办的250场新员工赛前动员会。他将公司的品牌价值人格化（善良、机智、清新、时尚、诙谐）。他甚至在候机的间歇，与飞行员、空中服务员、行李管理员聊天。他说，他的目的就是"要让公司感到自己还很小，正在长大"，要做到这一点，"必须培养人际关系"。

"一定有更好的模式"

从公司逃命式成长的艰难期开始，Barger 显然已经从那场

Barger 却另辟新径，理由是
"一定有更好的模式"。

冰暴中吸取了教训。他并不完全排斥兼并，但仍坚持认为，
"我们前进的行程是一种自然成长。"虽然他继续采取扩张的
政策，2009 年新购置了 9 架飞机，新添了 8 个航班目的地，
招聘了 2 300 名机组人员。但是对经济衰退阻碍了扩张的进
程，他感到闷闷不乐。他对 *Fortune* 杂志说："我们不得不冷
静下来。"

长期以来，航空公司在艰难时期往往采取解雇员工，给员
工放长假，削减工资或将飞机封存在沙漠中的做法。但是，
Barger 却另辟新径，理由是"一定有更好的模式"。捷蓝航空
削减了资本开支，缩短大部分员工的工作时间，而他自己 50
万美元的年薪也降了一半。捷蓝航空还卖掉和出租部分旧飞
机，延长新购的 27 架飞机的交货期，以预防燃料的进一步涨
价。但是，为了保留公司的企业文化，捷蓝航空没有解雇一个
员工，或让一个员工放长假。公司为飞行员提供的选择是，停
薪休假 3~12 个月，保留医疗保险和工龄。结果 1 900 名飞行
员中，有 60 名接受了这个条件。Barger 说，这个条件的适用

范围也将扩大到其他机组人员。

　　Barger 还将继续发扬捷蓝航空长期以来坚持的勤俭节约的基本原则，想方设法削减成本。2009 年 6 月，公司的每个座位英里成本（一种主要的效益计算单位），仅为 8.9 美分，而西南航空公司为 9.8 美分。Barger 希望保持在这个水平上。要做到这一点，就需要精打细算，独出心裁，就需要采取一些人们常称之为一分钱掰成两半花的管理措施。比如，减少飞机上多余燃油的重量就可以大大降低成本。Barger 说："如果拉斯维加斯的天气晴朗，我们就没必要装载 1.2 万磅燃油。"同样，为了增加座位空间，减少一排座位就意味着减去座椅的重量、6 名乘客的体重，外加一个空中服务员的成本。的确，没有不值得考虑的省钱的地方。Barger 注意到"飞机在跑道上滑行时用不着让两台引擎都燃烧"。

　　但是，捷蓝航空却不断增加新的便利设施。在肯尼迪机场新设的、造价 8.75 万美元的航班终点站，不仅有提供神户牛肉，每瓶 1 000 美元的葡萄酒的高档美食餐厅，还有价格适中的运动型酒吧，出售定制的有机食品的美食街。至于机舱内的设施，在完成安装了无线上网技术的飞机试飞后，公司计划从2009年开始，在更多的飞机上免费提供窄带无线上网服务。

捷蓝航空也会一如既往地履行自己的承诺，为乘客提供愉快的飞行体验。也就是说，公司将免费提供小食品、饮料和耳机等舱内设施。"难怪有这么多的乘客对航空公司的做法无法忍受，"他对 *Bloomberg News* 记者说，"我是说，航空公司现在对每样东西都收费。我们最终的目的是要成为提供物超所值服务的知名公司。我不会敲竹杠，利用一切机会从你手里抠走每一分钱，因为那样做你们就不会再来了。"

捷蓝航空公司给你的教训

天有不测风云，任何一个企业迟早都有可能陷入必须谨慎地，充分地控制损失的意外困境中。当大气流将冰冻带给捷蓝航空时，它学会了滑冰——处理这场灾难的经过给每一个经理不论你给顾客带来多大损失，要不计成本地尽最大能力给予补偿。

提供了应对意外事件的经验教训。它们是：

➤ 勇敢地道歉。首席执行官迅速、诚恳、直白、没有任何借口的道歉是没有任何东西能够取代的。David Neeleman 的电视采访巡回游，他在视屏网站上的表现和报纸整版面的广告，都不能解捷蓝航空的燃眉之急，但是这些行为的作用是，表明公司积极承担责任，迅速展开补救的态度。当你犯了错误，千万不要吝啬你的歉意。

➤ 积极地赔偿。捷蓝航空主动向那些遭受最大不便的乘客退还机票款，对另一些乘客提供补偿抵值券，这些举动都证明了公司的诚意和良好的商誉。不论你给顾客带来多大损失，要不计成本地尽最大能力给予补偿。

➤ 更好的承诺。如果犯错误的人不采取任何补救措施，那么任何道歉都无济于事。尽管补救需要时间，但是立刻做出具体承诺有助于这个过程的启动。捷蓝航空针对乘客而制定的人权宣言就是对自我纠正错误的承诺——是一个能补救未来任何缺点的公开保证。

> 无论你从事什么样的行业，危机为你提供了审查自己和纠正错误的机会。

➤ 有错即改之。David Neeleman 坚持自己的不取消航班的信条，理由是捷蓝航空的主要使命就是要把乘客送到目的地。但是，经过这次冰暴，他手下人让他相信，正是这个政策导致了这场僵局。当捷蓝航空取消了后两次冰暴来临时的航班，最坏的局面发生逆转。问一问自己：是什么导致了困境？

➤ 塞翁失马，安知非福。无论你从事什么样的行业，危机为你提供了审查自己和纠正错误的机会。捷蓝航空发现自己的快速扩张给公司内部沟通、人员调度、行李管理等造成一些弊端。公司通过迅速纠正和改革，缓解了危机，并用几个月的时间制定出永久性的解决方案。

➤ 坚持信念，恪守诺言。不要因为危机而动摇自己的信念，忽略与顾客的基本关系，忘记自己的企业文化。捷蓝航空始终不渝地为乘客提供愉快的、经济实惠的乘机体验。即使在当前的艰难时期，公司也决心遵守诺言，不增加费用，不伤害员工，因为公司要依靠员工来为乘客提供优质的服务。这也许是最难的损失控制任务，但也是最大的酬谢——冰暴后捷蓝公司的业绩记录证明了这一点。

　　但愿你永远也不要被卷入到像冰暴这样的灾难性损失的控制之中来。但是，如果危机突然降临，你能像捷蓝航空那样，沉着冷静、成功圆满地应对 2007 年那场情人节大冰暴吗？

6

可口可乐的传奇人物：
Isdell 临危受命

亡羊补牢，尚未为晚

摔瓶表真情，赢得众人心

推心置腹，坦诚相待

加足马力，提速前进

理想黄金国，尽在成长中

伙伴罐装商，和谐共相处

技术创新，硕果累累

大刀阔斧，重铸根基

可口可乐给你的教训

> "可口可乐是一个奇迹。它缔造了我的生命，我对这个企业和系统有着坚定的信念。"

这是一个大部分人都不会拒绝的邀请。2004 年，Neville Isdell 已经退休三年，整天不是高高兴兴地在巴巴多斯打高尔夫球，就是沉迷于野外摄影，同时还兼顾一个小型投资基金。就在这无忧无虑之时，可口可乐公司，他的前雇主邀请他回去重掌大印。可此时的可口可乐正陷入苦苦挣扎之中——美欧市场销售额萎缩，公司股票价格跳水，新闻媒体的负面报道狂轰滥炸，行政主管们纷纷辞职；公司新产品推出不力，多次卷入环境污染丑闻之中，甚至被指控有种族歧视之嫌。Isdell 是 1997 年突然去世的前首席执行官 Roberto Goizueta 在任时可口可乐成就辉煌时期的高层主管中的一员。这一次，Isdell 甚至没有第三种选择。几个优秀的候选人都拒绝了公司的邀请。Isdell 说，更难办的是，妻子 Pamela 也不想让他再次卷入商战之中，因为她对可口可乐前景并不看好。

尽管所有人都倾向于让他拒绝接受这份工作，Isdell 却认为这个邀请无法抗拒。他曾说："可口可乐是一个奇迹。它缔造了我的生命，我对这个企业和系统有着坚定的信念。"这份信念和他的自信终于得到充分证明：当他再次把公司交给自己精心挑选的徒弟时，可口可乐已经重振雄风。在 2008 年经济大衰退开始时，公司却取得令人震惊的业绩：销售额首创 200 年历史纪录，达 319 亿美元，经营利润达 84 亿美元，利润率增长 26%。

现在就让我们来分析一下 Isdell 和可口可乐面对的挑战，他们为战胜挑战而实施的战略及其给这个世界饮料帝国带来的变化。对任何需要扭转局面的企业而言，可口可乐重振雄风的故事都是最有实际价值的经验教训。

亡羊补牢，尚未为晚

从表面上看，可口可乐的困境是因为 Goizueta 的突然去世。Goizueta 统领可口可乐 17 年，公司成为世界上非酒精饮料的最大供应商。这是最辉煌的 17 年。可是，他的突然去世似乎让先前一直保持沉默的董事会突然惊醒——他们开始干预公司的运营和人事任命问题，突然连续辞退两名首席执行官。可是公司继续萎靡不振，被自己最大的对手百事可乐抢去更多地盘。

　　然而有人提出质疑。问题的产生不能不说与被神化了的 Goizueta 有关，与他长期以来实施的仅靠出售可口可乐配方的经营模式有关。多年来，公司大批量地生产成本很低的糖浆浓缩液，然后高价卖给罐装商。这些罐装商有些归公司所有，但大部分是独立企业。当百事可乐已经开始大力宣传和推销菲多利（Frito-Lay）小食品、非碳酸饮料，甚至佳得乐（Gatorade）和热带水果汁这些产品时，Goizueta 领导下的可口可乐仍顽固地守着碳酸饮料一种产品。尽管他的继任，Douglas Ivester、Doug Daft 一直在努力纠正这个错误，投资开发美汁源果汁和各种瓶装水、动乐运动饮料产品，但是所有这些品牌都比不上百事可乐，碳酸饮料仍是占据公司 80％ 销售额的主打产品。

　　当 2004 年 Isdell 接管公司时，可口可乐已经沦落到只能靠可口可乐这一种产品撑门面的地步了，而一杯可乐最多只能喝一天。1990—1997 年期间，公司每年的净收入曾以平均18%的速度增长，可从那以后，平均增长率连续下跌到只剩4%。六年的时间股票价值缩水了一半。公司不得不连续两次将员工数量裁减到 6 000 人。Isdell 在 2004 年曾对 *Beverage Digest* 的记者说："这个举措首次粉碎了长期保留在员工心目中的'终生雇佣制'的信念。"董事会还否决了 Isdell 关于收购佳得乐饮料的提议，这个致命的失误被华尔街分析人士称为"转型期的失误"。百事可乐却乘机把这个饮料品牌买了下来。而可口可乐对市场上需求旺盛的新产品仍无动于衷，对老产品也未给予应有的推广和支持。公司的独立罐装商也开始变得难以驾驭。此时的可口可乐正在为自己草率的、不讲职业道德的经营行为付出代价——如卷入涉及美国种族歧视的集体诉讼案，被指控为牟取暴利而操纵对日浓缩糖浆的销售，成为印度国内对可乐大规模污染水源的抗议运动的目标。

但是，Isdell 认为应该正确地面对这些问题："可口可乐还没到不可救药的地步。"公司收益状况保持稳定增长，只是

"每个人都有自我意识，我只是比别人更宽容一些而已。"

美欧市场的销售不景气，发展中国家，如巴西、中国、印度、俄罗斯和土耳其市场销售仍在继续增长。他说，最大的问题是"投资者不信任我们。更严重的是，公司自己的员工对我们也失去信心——不相信我们还有救"。在可口可乐工作了 30 年的 Isdell 认为，虽然自己对公司内外的情况了如指掌，但是毕竟离开公司 3 年了，他必须亲自调查，搞清楚公司的真实状况。

因此，一上任他就用了 3 个月的时间，到世界各地与公司的员工、顾客、罐装公司的高层经理们谈话，希望找出问题的关键所在。Isdell 相信这些人比"任何管理顾问"都更知道问题的症结所在。他还需要找出正确的解决方法。谈话过程中人们的戒备之心或责难之意都不利于坦诚相对。因此他必须完全进入忘我境地，排除己见，保持客观。他说："每个人都有自我意识，我只是比别人更宽容一些而已。"

他拿起一个百事可乐的瓶子，用力向墙上摔去，以此作为演讲的开场白。

摔瓶表真情，赢得众人心

　　Isdell 上任后的第一把火并不是靠压制自我意识。1980 年他被派往菲律宾去解决一个棘手的问题。在百事可乐的挤压下，可口可乐的市场份额只剩下 30%。他在那儿的举动着实让手下人大吃一惊。Isdell 刚下飞机，就带着战斗中的疲惫去参加一次促销集会。他拿起一个百事可乐的瓶子，用力向墙上摔去，以此作为演讲的开场白。但在以后的日子里，他那和蔼可亲的人格魅力，善于消除冲突，能和各种各样的人和睦相处的交际能力深受高层行政主管们的拥护。在菲律宾的那些日子里，他甚至经常去工厂亲自动手刷瓶子。

　　1944 年，Isdell 出生于北爱尔兰，父亲是警察局的指纹和弹痕专家。他 10 岁时，父亲举家迁往北罗得西亚，也就是今天的赞比亚。早在南非的开普敦大学主攻社会学期间，Isdell 就参加了反对种族隔离的抗议运动。在大学期间，他不仅获得荣誉学位，还是一个奔跑迅速、进攻凶猛、善于配合的橄榄球运动员。毕业后，他到哈佛商学院的管理发展训练班进修。

他本想从事社会工作，可是 1966 年他回到赞比亚，进入了一家可口可乐罐装公司。6 年后，在他 28 岁时，掌管了南非约翰内斯堡最大的罐装公司。此后，他曾先后被派往澳大利亚、印度、德国以及菲律宾处理和解决当地问题。1989 年，Isdell 被任命为公司副总裁，负责北欧市场。他乘前苏联解体之际，开发了包括俄罗斯、印度和中东在内的前苏联同盟地区市场。

推心置腹，坦诚相待

通过到各地调查和解决问题，Isdell 相信可口可乐的员工们仍充满希望，他的任务就是要让这些希望变成新的信心——即他所说的企业文化重塑，这不是一件轻松的事。他说："到最后一次视察时我还没有找到良方。"

在伦敦的一个舞厅里，他向公司 150 名高级主管陈述了视察后得出的结论。现场的气氛回荡着摔碎瓶子的声音：舞厅的墙上贴满画着卡通人物的海报，海报上的卡通人物是纷纷议论的听众，他们有的说："我们的品牌已经不行了。"有的说："我们对公司管理层失去信心。"还有的说："我们已经失去必胜的意志。"

当时在场的一名高管，可口可乐印度公司的首席执行官 Atul Singh 回忆说："当时的情况不妙。"反对声一片，不过这样也好。"这是大家坦诚相待的开始，"Singh 说，"我们以前似乎生存在一个蚕茧里，问题已存在多年，可是没有人议论。这是董事会主席第一次让人们推心置腹，开诚布公地说真话。"

舞厅里的会议持续了三天。Isdell 的目的是要说服主管们接受改革计划，他达到了目的。在后来的 6 个月里，高层主管们终于拿出了一份文件，叫"我们的成长宣言"。这个宣言构思出公司未来 10 年的发展路线。最关键的内容是，可口可乐

> 公司的每个人，从上到下，都必须达到高水平绩效。

不能跟在百事可乐的屁股后，放弃饮料经营，开发小食品；相反，我们要有雄心大志，做世界软饮料业的老大。扩大现有品牌下的产品种类，满足顾客需求。

除了作为公司的行动路线图，这份宣言也为 Isdell 提供了一次能与董事会沟通交流的机会，争取他们支持公司长期发展目标。其实目标很简单，"就是要让公司再次成为令世人爱戴的公司。"可以自豪地说，在 Goizueta 掌权的时代，公司已经实现了这个目标。可是在 2006 年，可口可乐甚至没有被《财富》杂志列入全球最受尊敬的企业名单中。

Isdell 说服了公司董事会，在营销和新产品开发上每年至少增加 4 亿美元的投入。他还敦促董事会调整他们的薪资结构：每人每年可以获得价值 17.5 万美元的股票。但条件是在过去三年里，可口可乐股票收益每股至少要增长 8%。如果达不到这个指标，董事会成员的收入为零。显然，这就意味着：公司的每个人，从上到下，都必须达到高水平绩效。

加足马力，提速前进

从当上首席执行官的那天起，Isdell 就知道，要扭转公司的局面至少需要 10 年的时间——他已经 60 岁了，不可能等到最后的胜利。因此，他必须物色一个接班人。

他最后选择了 Muhtar Kent，一个聪明、有进取心的行政主管。1989 年在柏林墙被推倒后，Isdell 带领 Kent 一起将可口可乐推广到东欧市场。Kent 的父亲是土耳其驻纽约总领事，他 1978 年毕业于英国赫尔大学，获经济学学位。在土耳其结束了服兵役后，他回到纽约，通过报纸的招聘广告进入可口可乐公司做销售员。仅用了 7 年的时间，他就被提升为可口可乐土耳其和中亚地区总管，直接归负责欧洲的副总裁 Isdell 领导，之后，他又被提升为土耳其独立罐装公司经理。2005 年当他被 Isdell 带回亚特兰大总部时，全公司上下都认为他是总裁的最佳人选之一。

> "虽然我做的每件事都至关重要，但是选择一个成功的接班人是所有事情中最重要的。"

显然，Isdell 与 Kent 性情相投，但不是死党；正如华尔街分析人士所说，与 Isdell 相比，Kent "有点像西部牛仔"。Isdell 承认："多年来，我们也有过争吵。"但他又补充说："有时你又不得不忍让你的接班人。"作为 Isdell 的后任首席执行官，Kent 要做的工作大不相同。他对自己的使命是这样描述的："汽车已经从沟里拉出来了，回到路上。它要加足马力，提速前进。"2008 年 7 月，Isdell 正式把钥匙交给了他。

很明显，Isdell 把这次人选看作是他在可口可乐事业中的一次孤注一掷的决定。"除非 Kent 获得成功，否则我前功尽弃，"他对亚特兰大 *Journal-Constitution* 记者这样说："虽然我做的每件事都至关重要，但是选择一个成功的接班人是所有事情中最重要的。"

理想黄金国，尽在成长中

Isdell 在 2005 年就开始物色接班人，当时他扭转大局的事

> "我什么也不做。我是来管理公司的，不是来管理股票价格的。只要把公司管理好，股价自然就上来了。"

业才刚刚起步。他的第一个行动就是将可口可乐的成长指标降低 1/3。"这也是我接手时公司存在的一个问题——企图在短期内达到无法完成的指标。"他对 *Chief Executive* 的记者说。但是华尔街不满意公司自我降级，股票一降再降。Isdell 不为所动。有人问他："股票下跌你怎么办？"他回答说："我什么也不做。我是来管理公司的，不是来管理股票价格的。只要把公司管理好，股价自然就上来了。"

但是，把公司管理好，说到底就是要找到所有企业都梦寐以求的黄金国——成长。要实现成长，Isdell 必须让董事会相信 Goizueta 并没有完全错。的确，可口可乐需要扩大业务范围，除了碳酸饮料外，增加果汁、瓶装水、运动饮料和其他非碳酸饮料产品。公司将开发自己的品牌（Dasani、动乐等许多品牌），并收购一些外国品牌（俄罗斯的维他命水、Multon 果汁、墨西哥的 Del Valle 果汁）。但是，多元经营并不能解决所有问题。Isdell 说："事实上，我们 80% 的产品是汽水饮料，除非让这块业务发展壮大，否则我们的多元化经营就不可能达到预想的速度。"

他坚信，碳酸饮料仍有巨大的潜力。人们不是因为碳酸，而是因为害怕体重增加而削减对软饮料的需求，或者是因为害怕无糖苏打水中的人造甜味剂。对碳酸饮料和非碳酸饮料来说，这些担心都可以免除。要解决第一个担心，我们可以把可乐里的卡路里降为零：零度可乐，这个人们熟悉的零卡路里可口可乐，于 2005 年推向市场，2008 年销售额就以两位数增长。要解决第二个担心，可乐与美国 Cargill 公司合作，开发出一种天然甜味剂（Truvia），一种甜叶菊植物提取物。2009年初，添加了 Truvia 的维他命 10 营养水和绿色雪碧推向市场。

可口可乐倾注数以百万的美元，大力推广和宣传汽水饮料，尤其是在北美地区，终于使销售额开始回升。公司旗下的其他新产品也开始从滴水之泉变成激流山洪：零度雪碧、Barq's、Surge、PibbXtra、MelloYello 等等。一个最典型的例子是 Full Throttle，一种柠檬味、富含咖啡因的运动饮料，2004年首次在北美地区推出，仅用 6 个月的时间，就占领了运动饮料北美市场的 8%。现在，Full Throttle 已经摆上 78% 的美国方便食品商店的货架上，轻而易举地被指定为全美改装车协会的指定饮品。

虽然可口可乐的心脏在美国，但是它真正的成长潜力却在海外。公司 80% 的收入来自海外那些日益增长的市场；城市化给瓶装饮料带来新的消费者。正像 Isdell 最近观察的那样："现在，成千上万的人正在走出贫穷，他们能够买得起我们的产品……简单地说，我们正处在最佳击球点。"特别是中国和印度，仍有很大的潜力有待开发。2009 年第二季度，可口可乐在印度的销售额增长 33%，在中国的增长 14%。最近中国的第 39 座可乐罐装工厂开业，雪碧几乎成为中国人最宠爱的饮料。但是，按照可口可乐的标准，这仅仅是开始。按照美国人平均每年消费 412 瓶可乐的标准，中国才到达 28 瓶，印度则为 7 瓶。

伙伴罐装商，和谐共相处

可口可乐的未来发展很大程度上要仰仗它的遍及世界各地的罐装商。这些企业大部分是自负盈亏的独立企业。他们从可口可乐购买糖浆浓缩液，然后加水和甜味剂，罐装和瓶装成可乐，再发售给零售商、餐馆或自动售货机的经营者。尽管传说中最古老的可乐配方锁在亚特兰大总部的保险箱里，但是罐装商还是根据各地的口味，添加了一些其他配料。

虽然可口可乐平常把这些罐装商称为合作伙伴，但是他们之间的关系却并不牢靠。在过去的几十年里，公司设法加强对这些完全独立的罐装商的控制，统称为可口可乐企业集团（CCE），也是美国最大的经营企业。由于他们购买的糖浆价格是由可口可乐决定的，罐装商经常期盼可口可乐与百事可乐展开价格战。20 世纪 90 年代末，当可口可乐无法维持 Goizueta 时代的利润水平，强迫罐装商接受 7.6% 的涨价，糖

> "如果你只从自己的文化视角处理问题，你永远不可能在其他国家和不同文化下开展有效的商业活动。"

浆价格达到了最高点。有些罐装商不得不自作主张，提高可口可乐的价格，弥补亏空，结果导致销售额下降，对糖浆的需求减少。这对总部欲实现的利润指标显然不利。

可口可乐与罐装商的矛盾主要是针对公司一贯的政策，尤其是在发展中国家的政策，即为了降低价格，罐装商通过生产小瓶可口可乐来扩大市场份额（印度可口可乐公司出售的200毫升瓶装可乐只需5卢比，或10美分）。这个政策虽然拉动了销售，但是由于利润率太低，罐装商们经常以要申请破产相威胁。

Isdell 以罐装商的心态与这些合作伙伴沟通："我做罐装商的时间比在公司里工作的时间长。"他对《商业周刊》记者说。这句话已超越让罐装商们满意的用意。"如果你只从自己的文化视角处理问题，你永远不可能在其他国家和不同文化下开展有效的商业活动。"他解释说。

人人都说 Isdell 的确改善了与罐装商的关系。例如，可口可乐企业集团联合成立了一个供应链组织，大大简化了糖浆交易的付款交货安排。印度的一个特许罐装商说："也许最重要的是，目前这种做法提高了透明度。我们了解了公司的计划和决策，而以前我们只能通过市场了解这些。"Isdell 说："这样做解决了很多以前令人头痛的问题。"

有好多人建议说，如果罐装商一再坚持提价，那还不如让公司把他们接管下来。可是 Isdell 对这个想法从不买账。他坚持认为存在一些摩擦对双方都有利。至少，与整合成一个企业的形式相比，特许加盟的形式可以让双方的高层更快地解决日常经营性问题。

技术创新，硕果累累

在 Isdell 的倡导下，可口可乐的经营思想更加开放——敢于向旧的经营模式挑战，积极接纳新的思想。例如，他们专为餐馆设计制造了一种独具特色、富有想象力的冷饮柜，目前正处于试用中。与大部分餐馆里的只能提供 6~8 种冷饮的冷饮机不同，这个圆滑锃亮、可乐红色、荧屏触摸式的、像冰箱那么宽大的机器，可提供 100 种可乐饮品。最初的设计方案是提供 30 ~ 50 种饮品，但市场调研发现，消费者喜欢尝试新事物，愿意品尝更多不同口味的饮料。可供他们选择的品种越多，消费量就越多。事实上，消费者更喜欢的是这台技术成果：在第一次试验中，摄像机抓拍到这样的镜头：一位妇女亲吻了这台机器。

Isdell 还加强公司的食品服务部。该部门专为餐馆提供各种商业服务，帮助他们提高销售额和利润。比如，公司专设了一个网站，为餐馆客户提供产品销售规划和促销创意，并根据餐馆的条件提供针对性的专门辅导。此外，该部门还提供诸如帮助餐馆招聘更好员工，针对说西班牙语的顾客策划营销活动等服务项目。

Isdell 回公司后听到的第一个抱怨，用他的话说，就是公司"并没有尽最大努力在公司内部发现人才，做到物尽其用，人尽其才。"他做出的回应是：加大公司员工的培训和发展计

> "安全健康食品不是一个产品种类，而是一种需求状态。"

划，为公司内部有才华的员工走进管理层提供机会。

可口可乐开发的零卡路里饮料和它的天然甜味剂都是为了满足顾客对健康饮料的需求。Isdell 承诺说这才仅仅是开始；在公司目前进行的众多产品研发项目中，有一项是探索改变人们对食品添加剂的认识。"安全健康食品不是一个产品种类，而是一种需求状态。"他如是说。

Isdell 还下大气力解决长期困扰公司的环境问题。这个问题最早发生在 2003 年的印度。当时，有一个非营利组织声称，他们对可口可乐和百事可乐进行检验，结果发现农药残留量很高。一年后，位于印度西南地区的喀拉拉邦领导指责可口可乐公司的一个罐装厂的污水排放污染了当地的储水层。2006 年农药残留量问题被再次提出，致使印度市场的销量大受影响。公司卷入环境污染案的消息传遍世界各地。为此，可口可乐与百事可乐首次合作，将此案提交给一个独立审计机构，结论是两家公司的产品均无农药残留物。

大刀阔斧，重铸根基

为了应对更多的环境保护问题，Isdell 改革了公司的政策。作为世界野生动物保护联盟的合作伙伴之一，可口可乐保证，从公司 1 000 多家工厂排出的污水都是经过净化的中性水。公司还承诺资助当地政府进行水资源保护、雨水收集、森林再造等工程。公司最近在南加州建造了一个价值 4 400 万美元的塑料回收工厂，投资 4 000 万美元研制一种能取代几百万冷却器中的氢氟碳化合物的物质。这些冷却器采用新技术，以二氧化碳作为冷却剂。Isdell 还主动提出与所有人分享可口可乐开发的降低冷却器能耗 35% 的新技术。

他说："现在，消费者购买产品时，更多的是凭着他们对公司的认识。"他接着说，消费者的认识也越来越取决于他们对公司在可持续发展、健康、安全等问题上所采取的措施。在 Isdell 的敦促下，公司投资数十亿美元启动环境保护计划。

> 波卡会议的宗旨是确保公司与罐装商"齐心协力，精诚合作"。

2008 年，他对一个产业集团说，最令他满意的一个成果是"可口可乐致力于可持续发展的决心激励了公司员工的斗志，吸引了那些 5 年前本不想加入公司的人才。"他说："我收到的来自员工的最令人兴奋电子邮件是，他们对公司目前所从事的事业感到无比骄傲和自豪。"

2008 年当 Isdell 卸任后，再次进入退休生活时，*Beverage Digest* 的出版商兼编辑，John Sicher 说："Neville 提升了可口可乐公司的企业文化、员工素质和自豪感，因此被人们永远记住。他让可口可乐公司再次成为一个人们向往的企业。Muhtar Kent 曾经努力争取的许多东西现在已经成为可能，因为 Neville 已经重铸了根基。"

Kent 已经登台，9 月份，在佛罗里达州的波卡拉顿，他主持了 12 年以来第一次有公司高层经理和罐装商参加的会议。波卡会议的宗旨是确保公司与罐装商"齐心协力，精诚合作"，他后来回忆说。他还重新改组企业的员工组织结构，指派更多的员工作为顾客代表在第一线，要么与罐装商一起工作，要么负责开发市场。"这样做可以让可口可乐公司变成一个效率更高，效益更好的可持续发展的企业。"他对记者如是说。

2009 年秋天，尽管美元仍持续坚挺，但是可口可乐的海外市场销售额却旺盛不减，第二季度为企业带来的利润增加了43％。零度可乐再创纪录，该季度的销售额增加 24％。看起来，Isdell 和 Kent 这对领导组合已经把大企业都摔倒，重返胜利航程。

交权后不久，Isdell 亲口说："我相信我们已经塑造了一个制胜的企业文化，已经步入正轨。"前两年，公司的年销售和营业利润都以两位数增长。自经济萧条开始，公司股票价格从 2007 年 Isdell 在位时的每股 63 美元一路下跌到每股在 50 ~ 60 美元之间波动。其实，Isdell 认为经济衰退对可口可乐而言是塞翁失马，安知非福。"弱小的竞争对手不得不退出，他们不能做广告，因为做不起。我们恰好可以趁机开拓自己的市场。"他解释说。

他对 *The Atlanta Journal-Constitution* 的记者说："公司完美无缺吗？当然不是。还有许多方面可以做得更好……但是，总体上说，我已经完成了我承诺的事情。"他说，这一次我是真的退休了。该重新制订高尔夫球计划，和他 17 个月的孙子好好玩玩了。他还开怀大笑地说："那是多么美好的时光啊。瞧我，说实话，我真的很幸福。"

可口可乐给你的教训

从 Neville Isdell 成功地将可口可乐再次转变为一个巨大的可乐帝国，我们能学到些什么呢？有许多经验教训。如果你处于扭转局面时期，也许所有这些经验教训对你的企业都有用处。

➤ 冷静现实地分析问题。尽管公司前景昏暗，面临各种负面报道，股价跳水，但是，Isdell 仍然认为公司的问题并没有到不可救药的地步，只是患上了可以治愈的公司流行性感

123

> 只有自己的人才能找出症结所在，他们比管理顾问更了解内情。

冒。他虽然认为传统的商业经验之谈所提倡的扩大经营范围，生产非碳酸饮料的做法可取，但是，可口可乐没有必要开展小食品业务。公司已有的汽水饮料有足够的成长潜力，领先于竞争对手。你的公司的情况当然有许多不同之处，但是在对公司分析时，你也要如此冷静和细致。

➢ 听一听部下是怎么说的。Isdell 为期 3 个月的可口可乐帝国之旅旨在获得来自不同层次的对公司的真实评价。因为他知道，只有自己的人才能找出症结所在，他们比管理顾问更了解内情，他要保持客观，排除自我意识的干扰，细心倾听。你可能没有他那么多的时间去听取意见，但是倾听他人意见非常重要，尽可能抽时间去倾听，并奖励说真话者。

➢ 用休克疗法治病。Isdell 召开的为期 3 天的公司高层经理会议，旨在引起他们对长期被忽略的、恼人的问题的关注和洞察。粘贴在墙上的那些卡通人物和对话框里的话语，代表了 Isdell 所擅长的领导风格，是他几年前在菲律宾往墙上摔瓶子的戏剧性举动的翻版。你需要用你自己的方法去引导人们关注

> 选择一个具有独立精神的、能与时俱进的人。

身边的问题。不管用什么方法，你都必须赢得他们对你制订的长期计划、扭转公司的措施给予支持。公开亮出你的休克疗法信号，就像 Isdell 那样，把公司短期成长指标降级。

➤ 从上到下推行改革。Isdell 首先争取董事会成员同意他提出的大规模改革计划。如果达不到规定的指标，他们就放弃原先规定的薪酬。然后他让高级经理们起草了一份"可乐成长宣言"，并保证贯彻执行。

➤ 为未尽的事业寻找接班人。与 Isdell 一样，虽然你无法预见你的扭转计划是否能在你任期完成，但你可以早一些物色和训练下一届领导的候选人。不过不一定按你的模子选择。你的继任应该具有很强的适应性，情况总会发生变化，他或她所面对的工作肯定与你的不同。选择一个具有独立精神的、能与时俱进的人。

➤ 消除冲突，抓住重点。可口可乐的未来离不开众多的罐装商，Isdell 解除了罐装商原先的担忧，缓解了他们承受的压力，向他们提供了一个新的、透明度强的合作方法。他改变

> 不论你目前的问题是什么，设想它们都已经成为过去，现在开始为公司的下一步做好准备。

了可口可乐对待环境、食品安全和健康问题的姿态，免除顾客对这些问题日益增加的担忧。你的公司面对的可能是不同的问题，但不论是什么问题，不要被琐事羁绊，把注意力放在重大问题上。

➤ 为未来投资。不论你目前的问题是什么，设想它们都已经成为过去，现在开始为公司的下一步做好准备。Isdell为自己设定的重要发展目标是那些新兴国家，那里的城市化进程加快，存在数以百万的可乐潜在消费者。他还投资研发新产品，开发新技术。公司投资研制能提供 100 种不同饮料的、代表未来发展趋势的冷饮机；花钱培训下一代高层经理队伍。没有这样的超前意识，任何企业都不可能保持长期繁荣壮大。

当然，可口可乐公司得以东山再起也不仅仅归功于 Isdell一个人，这是一个团队的共同努力，是在董事会决策的批准下，在高层管理者制订和实施的"可乐成长宣言"的指引下才取得的；而且，要继续保持繁荣昌盛，也离不开 Isdell 的继承人——Muhtar Kent，他对公司的贡献功不可没。但是，如果没有 Isdell 领导的这个团队，至少可以肯定地说，可口可乐公司不可能重现此刻的勃勃生机。但愿你也能像他那样聪明、顽强、获得成功。

7

网飞视频创造幸福结局

逆流而上的先行者
追求一流服务
先行一步
不遗余力地创新
网飞给你的启示

天晚上，一个叫 Jim Wang 的博主想在自己的微软游戏机上看网飞视频播放的电影，可是看到的画面模糊不清，让人恼怒。他从来没有遇到过这样的问题，也就没有当一回事儿。第二天早晨，他收到网飞的一封电子邮件："亲爱的 Jim，昨天晚上，由于技术原因，使你在微软游戏机上看电影或电视节目遇到了麻烦，对此带来的不便我们表示歉意。请 7 天后，点击这个账户的链接，为自己申请 3% 的信用额度，用于你的下次结算……如果你需要更多帮助，请拨打 1-866-923-0898。"

逆流而上的先行者

这件事儿对在哪儿呢？这当然会让人将信将疑，甚至可笑。我们面对的现实是：美国是一个生活富裕而服务水平一般的国家。如果你的电子小发明停止运转了，会发生什么？厂家会立刻亲自向你道歉，并主动给你补偿，外加一个求助的电话网飞，一个逆当今服务质量平庸潮流而上的先行者。

号码吗？

当然不会。

但是，现在出现了网飞，一个逆当今服务质量平庸潮流而上的先行者。不久的将来，顾客服务一定会达到一流水平。不可能吗？回答是完全可能的。只要企业在面对越来越大的竞争压力时，放弃不舍得在顾客服务上花钱的理念，他们一定会获得一个崭新的商机。网飞其实就是这样一个故事。

自 1997 年成立以来，网飞竭尽全力，想方设法地满足现有顾客的需求，吸引新顾客的加入——到 2009 年时，顾客人数已经达到 1 000 万人。在一个技术变化永无休止，商业竞争你死我活的行业里，网飞采用的是对竞争对手的侧翼发起进攻，为顾客提供他们梦寐以求、无处可得的一流服务。

追求一流服务

为了追求一流服务，网飞尝试了各种方法，从技术维修到精神感化。这一切都是在一个强大的企业战略指导下完成的。公司的发展过程可以成为任何企业进行服务改进的对照清单。

网飞的创始人 Reed Hastings，是来自西海岸的一个企业家，Pure 软件公司的奠基人，一名政治家。有一次他租了一个录像带名为《阿波罗 13 号》。由于租借时间过期而被罚款 40 美元。这让 Hastings 想到了一个好办法：为什么不可以在网上租电影片，让邮局寄送呢？他发现大批的盒式录像带已经被 DVD 取代，这个想法很有希望实现。他先用这个方法给自己寄了一些 DVD。他对《财富》杂志记者说："当邮包到达后，我撕开一看，光盘完好无缺，这是最令人兴奋的时刻。"

1998 年，Hastings 和他的合伙人 Marc Randolph 创立了网飞视频网络公司。Hastings 提供资金，他刚刚以 7 亿美元的价格卖掉 Pure 软件公司。Randolph 是 Hastings 在 Pure 软件公司的同事。网飞每盘 DVD 的租金是 4 美元，包装费 2 美元，顾客还可以选择以非常低的折扣价买下租借的光盘。

随着顾客数量的不断增加，成本开始上升。Hastings 开始担心：天啊，成本是可以降下来的。第二年，他的经营模式出现逆转，网飞的经营既容易又便宜。在得到 Arnault 集团 3 000 万注资后，Hastings 采用了月租金的方法，他知道这一定行得通。结果一个月之内：80％的订户续约。现在，网飞的客户还可以按年支付租金，数量不限，日期不限，也不收取滞期费和包装费。

2000 年，网飞引入一个叫 Cinematch 的软件程序，它可以跟踪顾客订单，向顾客推荐他们可能喜欢看的电影。这种程序的使用对网飞和顾客都有好处。起初，公司要列出几百万个电影片名供顾客查询挑选。可是时间一长，片名太多让一些顾客感到眼花缭乱。只好是访问一次网站就只借一个电影片。这样就形成一个问题：借一张影碟的顾客没有耐心能每月缴纳租金，因此就离开了。

Cinematch 程序请顾客将看过的电影按喜欢的程度分为 1～5个等级。被他们评定的电影等级越高，网飞向他们推荐的符合他们品味的影片就越多。这样一来，顾客的平均租金就提

高了。目前，网飞视频 60% 的租金来自 Cinematch 推荐的
电影。

订户数量增加，对流行电影的需求也增加。最后，网飞与
大的电影制片厂签署了收入分摊的协议，保证受欢迎电影的供
给。但是电影制片厂首先考虑的是与 Blockbuster 和其他电影
发行商的合作。许多电影发行商 70% 的电影发行依赖这些大
电影制片厂。这样，网飞不得不转向艺术剧院和外国电影制片
厂，寻找 Blockbuster 没有的剧目推荐给订户。结果发现，许
多订户还是愿意试一试名不见经传的印度宝莱坞电影，再说租
看这些电影也不需额外付费。

网飞的初步成功也付出了代价：它招来众多人的模仿。沃
尔玛推出了在线 DVD 租赁业务，租金比网飞视频的低。
Blockbuster 收购了一家网络租片小公司，结合它的店面向订户
提供电影，获得无限量的租金。Hastings 最后悔的是 2002 年
的公司上市：在上市过程中，公司不得不公开所有的财务信
息。他说："我们让 Blockbuster 发现了一个赚钱的生意。"据

他发现，俄勒冈州的人天性
友善，正好适合从事他赖以建立
良好顾客关系的接线员工作。

说，Blockbuster 不惜血本地效仿网飞视频的经营模式。

先行一步

但是网飞还是先走一步，再加上有先见之明，高度重视顾
客的满意度。公司很早就建立了顾客呼叫中心，又快又好地解
决顾客提出的各种问题。Hastings 并没有参与到国内企业纷纷
把顾客呼叫中心推向海外的潮流，而是原地不动地加强自己的
国内团队。他回忆说，即使是在公司的订户只有 11 500 万的
时候，他也配备了 100 名顾客服务代表。

2006 年，网飞在俄勒冈州，波特兰以西 20 英里的希尔斯
伯勒建立了一个最先进的顾客呼叫中心。这个中心摈弃国外流
行的将顾客服务外包出去的经营模式，与海外的呼叫中心完全
不同。虽然接线员的工资不高，但是在美国这个成本较高的地
区，Hastings 发现了竞争优势，使这个中心兴旺发展。他发
现，俄勒冈州的人天性友善，正好适合从事他赖以建立良好顾

客关系的接线员工作。现实证明用电话解决网上顾客的询问是正确的，他给这个产业带来一个惊喜。从此，有问题的顾客可以直接打电话找呼叫中心态度和蔼的俄勒冈籍接线员，每天24小时，每星期无休息日，全年开放。

网飞的顾客代表训练有素，善于接待不满意的顾客。他们有各种办法让一个可能取消租借的顾客成为一个永久的忠实顾客。例如，你是说你最讨厌因光盘丢失而缴纳罚金吗？没问题，交一半吧，剩下的免了。可如果你说交一半也让人生气——光盘的制作成本不过只几分钱嘛？说得好，这样吧，不用交罚款，只付重置成本，就像你说的，也就几分钱。顺便告诉你，你正在期待的那个法国大片今天就到，你晚上就可以看到，欢迎你提出宝贵意见。

在公司上市的这些年里，网飞吸引了越来越多的订户，但是公司经常受到大竞争对手和华尔街的猛烈打击。虽然2004年订户的数量几乎翻了一番，达260万，但是投资者隐约嗅到了一场价格大战的火药味，因为网飞和Blockbuster都在降低

> "当你口袋里只有 10 美元，要搭便车穿越非洲时，想创业的念头似乎更加迫切。"

租金，Blockbuster 甚至免了租借店订户的滞期费。在线租片服务已经变成像日用品那样利润微薄。利润缩水的可能性导致业内分析人士降低了网飞的企业等级，致使公司的股票价格从40 美元暴跌到 10 美元，交易的一半以上是卖空者。然而，到2005 年底，公司的利润反而成倍增长，收入增加了 36%，股票价格回升。这其中最大的一个原因是：公司战胜了强大的沃尔玛，这个零售巨头不得不放弃网上租片业务，把自己的顾客推荐到网飞上来租片。

Reed Hastings 继续泰然自若地驾驶着过山车，在美国的分销中心越来越多，它们提供 24 小时快递服务——其目的就是表明公司业务已经跨越创业初期阶段。当被问及作为创业者对风险的承受能力时，他回答说："加入美国国际维和部队的经历让他养成节俭的习惯，当你口袋里只有 10 美元，要搭便车穿越非洲时，想创业的念头似乎更加迫切。"

许多投资商以为 Hastings 是在给自己壮胆，认为网飞注定灭亡：只要网络视频的进军号一吹响，整个在线租片产业很快就会崩溃。就像在 2006 年，苹果公司率先用自己的 iTunes. com 兜售音乐和视频时，亚马逊和其他零售商随即紧步后尘。但 Hastings 一再向听众保证"DVD 的主导地位将持续 10 年以上"。

不遗余力地创新

这些年来，网飞不断推出新的计划赢得顾客的信赖。例如，公司网站上的"朋友"栏可以让会员看到他们的朋友正在收看的电影以及他们的感受。"轮廓（Profile）"栏可让几个人共同享受一个租约，这样家庭成员就可以安排自己的 DVD 观看排序、影片等级、"朋友"名单。系统相对灵敏性（RSS）可以让顾客自动更新账户和新上演的电影名单。

这些创新并不是偶然的。网飞不遗余力，想方设法取悦顾客。他们在网上征求顾客建议，连续举办由订户参加的焦点小组讨论会，密切监控业务的每个环节，坚持不懈地追求用更低的成本提供更好的服务。2006 年，网飞的 Cinematch 系统成绩斐然，为顾客提供了更加个性化的影片推荐服务。不过，公司的调研人员也曾遇到困难，他们深信预测学领域将有新的突破，但是自己又拿不出成果。这时，Hastings 来问他们："由网飞出资赞助，举行一次比赛，邀请世界一流的预测学专家解答问题怎么样？"

网飞悬赏 100 万美元，寻找能将 Cinematch 预测的精确度提高 10% 的人。当时有 3 万人参加竞争，直到 2009 年才有人赢得这笔奖金。这个项目还引发出非常重要的研究论文，开辟了解决问题的新途径，让各领域专家大显身手，成果可嘉。这项研究计划还让网飞更接近于自己设定的为顾客服务的梦想。Hastings 告诉《纽约时报》记者说："人是古怪的、有个性的、呈相当大的异质化。虽然我喜欢人的这些特性，但是总让人难以揣摩。"

他也有判断失误的时候。2008 年，网飞决定放弃"轮廓"这个特色服务，理由是使用的顾客太少。结果证明错了：博客

"我相信让最近没看多少电影的人看一场新电影是最公平的。"

圈抗议声四起，公司只好迅速将"轮廓"从遗忘的角落又找回来。公司也有在某些有争议的事情上态度坚定的时候。多年来，很多租借者抱怨，当网站发行的影片不足时，公司采用给租片量少的用户往往较多的照顾，即所谓"节流"的做法。Hastings 不做任何争辩，他说："我相信让最近没看多少电影的人看一场新电影是最公平的。"这也不是没道理，那些大批量租片的电影爱好者一般是利润最低的订户，也是最不可能离开他们已经习惯了的公司的用户。租片量少的用户带来的利润最高，如果他们看不到电影，很有可能弃你而去。

这是网飞为数不多的一次违反自己一心一意建立良好顾客关系的初衷。为了改进这一点，Hastings 坚持让只拿几百美元工资的接线员不断提高每次跟顾客通话的质量，建成了一个严格的、以业绩为导向的工作环境。但是，Hastings 也崇尚反社团主义：他讨厌死气沉沉的企业，赞赏一种他称之为"自由和有责任感"的精神。

他对员工说："根据你们自己的愿望休假。"微观管理方公司慷慨的政策使经理在解雇员工时更加从容。

法已经过时——员工们可以选择自己的方法，做他们最擅长的事情。可以自己决定报酬中现金与股权的比例——其实公司员工的工资比硅谷的工资标准要高得多。作为回报，Hastings 希望的是以超高的业绩，全力以赴地实现企业目标。Hastings 对《商业周刊》记者说："在大部分企业，表现平庸的员工得到的是有限的、不起眼的工资增加。在网飞，员工们可以获得丰厚的遣散费。"公司慷慨的政策使经理在解雇员工时更加从容。

近几年来，网飞需要每个员工努力与 Blockbuster 在国内快递行业上竞争，加入到电影下载的宏大战役中。

到 2006 年底，Blockbuster 允许顾客从网上订租电影片，然后到它的 7 800 个出租店去更换。Blockbuster 还发动了一场声势浩大的宣传活动，推广所谓的"全面畅通"计划。经过几年彷徨，Blockbuster 突然开始发力，订户的数量超过了网飞——2007 年第一季度接近 25 万。网飞只好靠降价来还击 Blockbuster，因为该连锁公司在互联网的业务仍然亏损。

几个月内，Blockbuster 恢复了对出租店这个核心业务的关注，理由是：Blockbuster 的出租店市场份额被红盒子（一个刚刚出现在超市和餐馆的 DVD 自动售货机）抢走。这种机器一晚只需 1 美元就能看一场电影。后来，Blockbuster 又推出了自己的影片租赁厅。

自动售货机只是决定未来几年我们怎样看电影这场伟大战役的一条战线。好莱坞正在为维护自己产品的主宰地位而奋斗——DVD 片的销售和租赁长期以来一直是这个制片厂的主要收入来源，是电影票房收入的两倍。但是，现在 DVD 的销售和租赁开始下降。从互联网上将电影和电视节目分流到电视机屏幕上的技术设备骤增，人们可以做到随意、随时地观看自己想看的东西，不受电视频道播放时间的限制。在为争取最佳方法实现这个目标的战斗中，苹果、亚马逊，还有越来越多的电视制作公司，当然也包括 Blockbuster，都是英勇的战士。甚至有线电视企业也加入到这场战斗中来，提供点播服务，使人们进入自己的家庭影院。

公司的成功主要应归功于企业为顾客提供一流服务的热情。

网飞也不甘落后。尽管 Hastings 仍坚持认为 DVD 仍将占市场主导地位，他的公司还是主动进攻，在分流电影的供应上一路领先。他允许那些通过邮寄租借 DVD 的用户，在计算机上轻轻点击几下鼠标就可以观看电影。公司与数字录像技术的创建公司 TiVo 签署了一个电影下载协议。2008 年 1 月，它偷袭对手，宣布了一笔与 LG 电子公司达成的交易，共同开发和销售机顶盒，网飞的用户可以将电影和电视节目分流到自家的电视屏幕上。现在，公司又与三星、索尼和 Vizio 签署了类似的协议。

从不稳定的起步期开始，网飞已经发展成一个令人瞩目的企业。尽管也遭遇经济衰退，但公司在 2008 年的销售额高达 13 亿美元，净收入 8 300 万美元，年增长率 13%。公司的成功主要归功于企业为顾客提供一流服务的热情。网飞在寻找新方法为顾客服务的道路上，从未停下过脚步。更好，更快，更愉悦地为顾客服务是他们的制胜法宝。

一切都有回报，一旦你决心做一件事情，就不要不舍得投入。

网飞给你的启示

> 不要迷恋于你的经营模式。成功的秘诀是随机应变。商业发展的历史中不乏因死板僵硬，不知应变走向灭亡的企业。当 Reed Hastings 发现单一的租赁模式行不通时，他转到订约模式。当视频分流比他预期的来得快时，他迅速与大的电视制作公司达成交易，使人们得以进入网飞电影博物馆。

> 设法了解顾客的需求。Cinematch 让网飞的顾客选择自己最喜欢的电影。你也可以用类似的方法取得成功：要表现出你对顾客的诚意，倾听他们的要求并设法满足。很快你就可以预测出他们的需求，甚至比他们自己都知道得早一些。

> 一旦选择变革，就不要半途而废。一旦 Hastings 决定以顾客服务为依托，他就不顾一切地逆潮流而行。从在线服务到服务外包，全面击败竞争对手。一切都有回报，一旦你决心做一件事情，就不要不舍得投入。

只要你发挥充分想象力，一切问题都能迎刃而解。这是一个值得你坚持的信念。

➢ 如果无法满足顾客的需求，从你的劣势中寻找优势。当 Hastings 在发行新片上争不过 Blockbuster 时，他利用顾客对外国电影和艺术剧院的兴趣大赚了一笔。外国片和戏剧成了网飞的一个特色。只要你发挥充分想象力，一切问题都能迎刃而解。这是一个值得你坚持的信念。

8

可爱的沃尔特大叔，
非凡的成功之路

一只米老鼠的诞生
一个幻想被揭开了
一个崛起的帝国
完美的梦想
一份引起不公正争议的遗产
你向 Walt 学习什么

沃尔特，被世人誉为创造力旺盛的天才，彻底改变了人们的娱乐休闲观念。

沃尔特·迪斯尼（Walt Disney）于 40 年前去世，现今仍被世人誉为创造力旺盛的天才，他不仅给世界带来米老鼠、白雪公主和一大群梦幻人物，而且为家庭主题公园的运作制定了永久性的标准，彻底改变了人们的娱乐休闲观念。虽然在世人的眼里他是一个无与伦比、才华横溢的创新者，但他也是一个服过兵役的爱国主义者，一个吃玉米面长大的平民主义者，对国人批评他的作品低级庸俗不屑一顾。他堪称是一个自强不息、努力拼搏、意志顽强的典范。

然而，Walt 也有令人不悦的一面。他也许是，或经常是一个严厉苛刻的工头——根本不像他电影里的那些可爱的人物。艰苦的童年生活，曾经被人出卖过的经商经历，历练了他，使他一生都对商人持谨慎怀疑的态度，就像"一只狼群里的羊"。他是一个顽固执拗的幻想家，经常为一个机会渺茫的事情下巨大赌注——有时获胜，有时惨败。他是一个专横武断、脾气暴戾、事必躬亲的老板，喜欢插手每件事，有时对手下人冷酷无情。但是他自认为是一个受人爱戴的领导，其实，他是受观众爱戴的"沃尔特大叔"。

他的女儿们对他的描述是，在家里他极有耐性。迪斯尼乐园的创意就是在他连续几个小时地陪她们姐妹在附近的公园里坐旋转木马时想出来的。根据电影批评家 Richard Schickel 在《时代》周刊上的描述，Walt 的童年生活在经济和感情上都没有保障。他父亲一生潦倒，动辄对他体罚辱骂，从未给予半点父爱。早年物质和感情生活的匮乏使他变得世故、忧郁、渴望出人头地。Walt 是一个想象力极其丰富、超凡脱俗的奇人。

一只米老鼠的诞生

Walt 出生在密苏里州的一个农场，童年时就喜欢画画，也许是对经济拮据的生活窘境的一种逃避。7 岁开始，他就向邻居们销售他的素描画。他 16 岁离家，在第一次世界大战爆发时，报名参加了红十字会救护队。他的救护车不是涂成迷彩色，而是画满了卡通画。后来在一家广告公司工作，他学会了

> 他饱尝了所有创业家都经历的艰难和挫折。

动画制作。1923 年，Walt 和他的朋友 Ub Iwerks 创立并兼并了两个公司，饱尝了所有创业家都经历的艰难和挫折。据说，他们曾经穷到只能靠吃冰冷的青豆罐头为生。

当 Walt 和他的大哥 Roy 在他叔叔位于好莱坞的车库里建立了自己的工作室，命运才开始好转。1927 年，就是从这个工作室，他们创造出第一部动画历险剧《幸运的兔子 Oswald》，大获成功。然而，胜利是短暂的。第二年，当 Walt 在纽约与他的发行商签署新合同时，才发现自己被骗了。这个发行商私下里诱骗他工作室的雇员，让他们离开，目的是要霸占 Oswald。

Walt 愤怒地拒绝了发行商给他的工作邀请，回到加利福尼亚州。在那儿，他应 Iwerks 的邀请，帮助他创造新的人物，维持工作室的运转。Iwerks 提议画一只老鼠。Walt 很喜欢这个想法，而且也喜欢自己画出来的那只老鼠——从此，米老鼠就诞生了。

米老鼠是在《威利汽船》（Steamboat Willie）这个世界第

它象征着美国人在经济大萧条中永不屈服、乐观向上的精神。

一部同步有声动画片中一炮打响的，Walt 本人担任米老鼠尖锐声音的配音。顷刻间，米老鼠轰动全美国。被构思成机智多谋、顽皮可爱的米老鼠，首次亮相于《疯狂的飞机》（Plane Crazy）。这部动画片原来是一部无声记录短片，展示 Charles Lindbergh 驾机飞越大西洋的历史时刻，但播出后观众反响平平。可是，现在这只独具创意的米老鼠温顺善良、开朗活泼，与被经济萧条笼罩着的艰难时局形成对照。用 Schickel 的话说："它象征着美国人在经济大萧条中永不屈服、乐观向上的精神。"

Walt 的独特个性代表了有声电影的先进技术。他永远充满旺盛的进取精神。当其他人不敢将太多的现实问题融入虚幻微妙的世界中，对有声动画片退避三舍时，Walt 却认为，对话和音乐能丰富观众的观看感受。他随即买下为期两年的彩色电影技术使用许可，并在 1923 年获奥斯卡奖——这是他已拥有的 26 个奥斯卡小金像的第一个——获奖影片是彩色动画片《花与树》（*Flowers and Trees*）。

Walt 决定超越自己，将米老鼠给他带来的所有收益和其他收入统统投入到世界第一部大型音乐电影的制作中。Walt 的特性就是敢下大赌注。好莱坞圈内人士把他的举动称为"迪斯尼的愚蠢"，因为他们坚信，没有人能耐着性子看完一部大型动画片。这部动画电影包含 200 万个画面，制作成本高达 150 万美元，这在当时可谓天文数字。但是《白雪公主和七个小矮人》于 1937 年一经放映，便被誉为是一部伟大的杰作，票房收入高达 800 万美元，成为当时票房收入最高的电影。

这部电影的成功，很大功劳应归 Roy Disney。是他掌控着商业运作，开拓了崭新的好莱坞商业运作模式。《白雪公主》是第一次运用全方位的商业策划发行的。到 1940 年中叶，迪斯尼这个名字的商业价值已高达 1 亿美元。

继《白雪公主》后，Walt 又加倍下注，倾其所有利润和信贷极限，扩建他的电影制片厂，准备连续 3 年炮制 3 部大型动画电影。但是，《匹诺曹》（Pinocchio）和《幻想曲》（Fantasia）拍摄不顺，迟迟不能上映，直到 1940 年才正式发行。更糟糕的是，公司的极度扩张导致公司困难重重，资金运转的缺口越来越大。

一个幻想被揭开了

尽管 Walt 给人的印象是善良、乐观的沃尔特大叔，但与许多艺术家一样，他是一个完美主义者，脾气暴躁，好贬斥别人。他的情绪变化莫测，有时慈祥顺和，有时恶毒攻击。他是老板，坚持一切要他说了算。他手下的一位艺术家抱怨说："等你从 Walt 那拿回你自己的创意，你几乎都认不出来这是你最初的想法。他吸收和消化了你的东西，结果产品都成了他的。"动画设计师 Ward Kimball 为 Walt 画了一个漫画肖像。他说："说实话，他完全埋在工作之中，以至于他根本没注意到他在唾弃和羞辱他的同事。"

工资和奖金完全根据 Walt 的心情来决定，而且做同样工作的人工资差别非常大。动画设计师的作品得不到公众的赞誉。甚至是自 1919 年就是 Walt 的老朋友，并为 Walt 早期的绘画和动漫制作做出最多贡献的 Iwerks，也因得不到公众的赞誉而沮丧，再加上 Walt 暴君式的管理风格，不得不在 1930 年辞职，建立了自己的电影制片厂。

好莱坞成立了工会组织，迪斯尼电影制片厂成为众矢之的。Walt 想通过建立自己的工会组织来回避矛盾，结果被美国劳资关系委员会提出控告。这场纠纷一直拖延到 1941 年。这年，Walt 犯了一个致命的错误，解雇了 20 多名工会积极分子，包括他的高级动画设计师和工会主席 Art Babbitt。这件事引发了员工的罢工，致使 1/3 的动画设计师辞职。

所有的证据都证明，Walt 认为自己是一个大包大揽、慈祥和蔼的老板，他的公司是激发创造力，鼓励创新精神的天堂。"我天生就很民主，"在罢工之前，他曾对员工们说，"我就是想成为这个工厂的一员——我的确已经是了。我在大厅里碰见人就想与他们说话，让他们跟我说话。微笑着对我说

> 伙伴们，我只向成果致敬。

'你好'。没有这样的氛围我无法工作。我知道，我也非常清楚我们制片厂每个人在每个阶段所取得的每个进步。伙伴们，我只向成果致敬。"

这不是一个天大的幻想吗？确切无疑。但是，作为一个长期教育自己的员工要自力更生，努力奋斗的人，Walt 对员工的背叛感到心寒。他对工会采取强硬态度。但劳工部仲裁员最终作出了一个有利于工会方面的裁决。Walt 后来承认说，这次争议中所有针对他的指责中，最令他伤心的是指责他"财迷心窍。哪有的事儿？我赚来的该死的每一分钱都用在这个生意上了"。对一个靠艰苦拼搏赚取每一分钱的穷小子，一个始终把自己当成一个普通百姓的平民主义者，一个用自己设计的作品来打动美国人的艺术家来说，富人们的冷嘲热讽是无法抵御的。

但是，虽然满腹牢骚，Walt 仍然保留自己的爱国之心。当美国卷入第二次世界大战，他的制片厂几乎完全投入到战时宣传片，训练片制作，海报和军章的生产之中。这些产品绝大部分是不盈利的，但是他还是成功地制作出一个动画片《元首的面孔》（*Der Fuehrer's Face*），用唐老鸭来代表一个幻想破灭的纳粹士兵。为了增加必要的收入，《白雪公主》这个已经成为经典的，最受 7～10 岁儿童欢迎的动画片，再次搬上银幕，并重获丰收。实践证明重新上映策略如此成功，以至于此后每隔 7 年，所有迪斯尼电影都要拿出来重新展播。但是，战争给迪斯尼打击太重。Roy 说："战争结束后，我们就像一个从冬眠中走出的黑熊，瘦骨嶙峋、憔悴苍老，油水全部榨干。那是我们亏空的年代。"

一个崛起的帝国

20 世纪 50 年代，迪斯尼又开始交好运。先后有一连串的动画片走红，包括《灰姑娘》、《小飞侠彼得潘》、《爱丽丝历险记》、《小姐与流氓》（*Lady and the Tramp*）。但是，政府对制片厂出品的动画片有数量限制。因此，迪斯尼又推出了一系

列实景电影，如《金银岛》、《波利安娜》（*Pollyanna*），还有
一些自然风光片，《活动的沙漠》（*The Living Desert*）、《消失
的草原》（*The Vanishing Prairie*）——迪斯尼一如既往地坚持
制作家庭娱乐片。

　　同时，当其他电影制片厂正在诅咒电视给他们带来的新竞
争时，具有技术头脑的 Walt 早已看到电视的潜力，立刻动手
制作电视儿童节目，如每周一次的《迪斯尼乐园》，每天一次
的《米老鼠俱乐部》节目。公司还大胆尝试开拓新领域，包
括商业广告片、音乐剧、连续喜剧，并与商业巨头可口可乐、
Sears 等建立联盟。Roy 在 1958 年是这样解释的："'整合'一
词在我们这儿是一个关键词。我们不会只做一行，不考虑其他
有可能赚钱的行业。"

　　与此同时，Walt 仍不改他复杂的、两面派的个性。在参
议员 Joe McCarthy 领导的追捕女巫这个声名狼藉的运动之前，
Walt 就帮助政府辨认娱乐界里的"共产主义分子"。这个行为
既出于他的爱国之心，也出于他与工会组织和领导罢工的左派

> 他的使命就是"将快乐带给成千上万的人"。

分子之间的宿怨。同时，他把自己打造成一个反好莱坞的忠于家室的形象，回避盛大宴会，在家里与妻子 Lillian，女儿 Diane、Sharon 共聚晚餐。他提倡纯洁健康的娱乐，热衷于价值观和传统的传承。制片厂的宣传员对他的描述是"一个安静的、愉快的、在大街上不会引人注目的普通人"。他的使命就是"将快乐带给成千上万的人"。他说："我很少有压抑的情绪，我很快乐，非常、非常快乐。"他说出这样的话有点令人难以置信。尽管他几乎没有叔父般的慈祥温和，但他还是被人们称为沃尔特大叔。

出于本性，Walt 再次将自己的生意置于风险之中。大部分好莱坞电影人和他公司的许多同事都认为，迪斯尼游乐园的想法根本就不能成功。一般的游乐场给人的印象是一个流氓骗子聚集的肮脏、低档场所，充斥着江湖艺人们的蹩脚表演和有危险隐患的娱乐设施。虽然 Walt 能够实现他的理想，建造一个干净的、充满怀旧情调的，给人幻想和家庭快乐的避风港，持怀疑态度的人仍认为建造成本会相当昂贵，而且建好后可能

156

没有人来。但是 Walt 认为，游乐园是电影厂延伸出来的一个
大自然，电影厂和游乐园可以互相补充，互相支持。当然，同
以往一样，是他最后拍板敲定——结果这个决定后来给公司带
来巨大的好运。

完美的梦想

　　位于美国加州阿纳海姆的迪斯尼乐园，造价 1 700 万美
元。为了付清这笔钱，Walt 透支了他所有的信贷额度，把自
己的人寿保险也押上，甚至变卖了自己的度假别墅。Roy 代表
他与美国广播公司电视部谈成一笔交易，取得销售规划和交叉
品牌战术的又一次胜利。迪斯尼公司将 1/3 的游乐园地产卖给
这个羽翼尚未丰满的电视台，并同意制作一个每周播放一次
的，以迪斯尼乐园为背景的电视节目。正是乐园里的边域世界
给戴卫柯罗克特的电视系列片带来灵感。很快不论是男孩，还
是女孩都戴着用浣熊皮做成的帽子——女孩戴的那款帽子叫做

> Walt 恪守的理念是，不管
> 付出什么代价，迪斯尼乐园的一
> 切都必须做到尽善尽美。

"波利柯罗柯特帽"。所有帽子的生产和销售都须经迪斯尼公司授权许可。

Walt 把迪斯尼乐园看成是一个健全整洁的美国梦的再现。这里有充满怀旧情调的理想化大街，边域世界与超前乐观的未来世界并存。游乐园里的员工经过培训，可以在 30 秒内发现和捡起掉在人行道上的垃圾。他们始终保持乐观向上的情绪，面带微笑。Walt 恪守的理念是，不管付出什么代价，迪斯尼乐园的一切都必须做到尽善尽美。他曾经对自己的助手说："你我都不用操心价格是贵了，还是便宜了。我们只关心游乐园设施和服务的质量。我的理论是，如果你的东西足够好，公众就一定会报答你。"

的确，开业的前 6 个月，乐园接纳了 100 万以上的游客，而且成为美国家庭几代人必去的一个游乐园。1966 年，当 Walt 去世时，一个更大的、更精致的迪斯尼世界——未来世界乌托邦城，一个以实验性的未来构想为主旨的技术爱好者的天堂——在佛罗里达中部拔地而起，占地 43 平方英里。

从此，迪斯尼在世界三个大陆上又建造起9座迪斯尼主题公园。公司现已成为一个拥有380亿美元资产，集制片厂、巡游航线、度假村、儿童图书和杂志、美国广播公司网络、电视和互联网为一体的娱乐媒体集团。

一份引起不公正争议的遗产

Walt 的遗产经常引起令人痛苦的争议。他的崇拜者把他看成是《新闻周刊》封面故事里描述的那个"世界的富人大叔"，一个善良的奇迹制造者，帮助人们寻找幸福和快乐。当迪斯尼电影首次转变成娱乐形式时，上述的评价的确异口同声。Walt 早期的电影赞美小城镇，贬低大都市，嘲弄大企业，让一个好斗的乡巴佬与时髦的城里人竞争。他的 Fantasia 也许让票房暴涨，但是这部电影为 8 段古典音乐做了大胆的动画设计，由 Leopold Stokowski 和费城爱乐乐团演奏，给大众带来伟大的音乐享受。哈佛大学校长 James Bryant Conant 称 Walt 是

Walt 是 "一个魔术师，他为缪斯女神建造了现代家园"。

"一个魔术师，他为缪斯女神建造了现代家园"。电影理论家 HsiehSergei Eisenstein 的定论是 "这位大师的杰作是美国人对艺术的最大贡献"。

但是，随着时间迁移，人们对迪斯尼永远离不开怀旧情绪，盲目爱国，无由欢呼这样的主题大有微词。持否定态度的人——Walt 把他们称作势利小人——指责迪斯尼乐园的设施平淡无味，人工清洗雕琢的痕迹太重，毫不刺激。魔术王国被贬低为 "粗鲁的、兽性的、廉价的、虚假的、没有嚼头的东西"。艺术家们也对它百般嘲弄。学者们就迪斯尼电影对历史的歪曲，因文化差异而造成的失礼行为也撰文评论。对 Walt 本人和他的成就的吹毛求疵变得越来越荒诞可笑。有人说，在著名的迪斯尼人群控制系统中看到一种极权主义，还有人一再重复那些完全捏造的谣言，说 Walt 的未来沉迷症导致他在临死时被冷冻，以待未来复活。事实是，他死后被葬在森林草坪墓地。

然而，Walt 除了给人们带来快乐消遣之外别无他求。他

> 当你在打拼自己的事业，或为其他事情奋斗时，你一定要下决心坚持到底，即便在你觉得毫无希望的情况下。

曾经说："我从不自诩很懂艺术。我制作电影完全是为了娱乐，只是后来教授们来告诉我这些电影的意义。"被所有愚蠢的批评忽略掉的是 Walt 极具幻想的天赋。他的作品打动了成千上万的人，永久性地改变了娱乐形式。从许多意义上讲，他的美德亦是他的缺陷，他的缺陷亦是他的美德。

你向 Walt 学习什么

　　尽管他如此特别，我们仍然可以从他的错误中吸取教训，从他的榜样中获取营养：

　　➤ 持之以恒。即使是最有天赋的人，也不能保证成功。在 Walt 的艰辛得到回报之前，他也不得不承受两次事业上的失败，一次生意伙伴的欺骗。如果他不坚持下去，我们也许永远也听不到这个名字。当你在打拼自己的事业，或为其他事情奋斗时，你一定要下决心坚持到底，即便在你觉得毫无希望的情况下。

> 永远都要尽力去寻找那些最有才华的人来帮助你取得胜利。

> ➤ 笼络人才。天才也需要帮助。Walt 非常聪明，他选择才华横溢的 Iwerks 做他的创意合伙人，而且也正是 Iwerks 首先想到米老鼠的形象，并承担了迪斯尼早期大部分动画制作工作。Walt 更幸运的是他有哥哥 Roy 的鼎力相助。Roy 在商业运作上的天分绝不亚于 Walt 的创造才华。Walt 充分利用 Roy 的技能和精明，没有他，迪斯尼很可能在几次关键的转折时刻就垮掉了。永远都要尽力去寻找那些最有才华的人来帮助你取得胜利。

> ➤ 开发技术。有创造力的艺术家经常回避革新技术。在 Walt 事业的早期阶段，电影制造业对声轨和彩色电影技术的试验还犹豫不决。可是他满腔热情地抓住这两个技术，结果名利双收，并因他取得的辉煌的技术成就而获得 26 次奥斯卡奖。后来，当电视突然给电影业带来冲击时，Walt 又一次热情地拥抱它，并利用交叉品牌战术和销售规划许可继续取得成功。那些日子，Walt 在技术上取得从未有过的累累硕果。怎样将技术优势运用到你自己的企业中，完全由你自己决定。

> 如果你不追求自己的梦想，它肯定就会逐渐消亡，你就永远也不会知道你能否取得成功。

➤ 追求梦想。当 Walt 想到要制作大型动画故事片时，娱乐业的人都嘲笑他。同样，当他提出建设游乐园时，别人也不以为然。在这两件事情上，他探索前进，倾其所有赌一次，甚至不惜债务缠身也要实现自己的梦想。这两件事他都做对了。当然关键之处是：你也许会犯错误，就像 Walt 跟工会对抗，差一点毁掉自己的企业一样。但是如果你是对的，你和你的梦想都能获胜。但是，如果你不追求自己的梦想，它肯定就会逐渐消亡，你就永远也不会知道你能否取得成功。

➤ 完善管理。如果 Walt 是一个好老板，迪斯尼公司可能会更好；像他那样的事必躬亲、脾气暴躁的老板，将所有功劳归为己有，忽视最基本的待人处事原则的领导，并没有好果子吃。当然，他也听到很多有关他自己问题的意见——只是太晚了，像 Iwerks 那样才华横溢的艺术家已经离开公司了。也许他过分地投入到自己的产品里，过分地相信自己的方法是正确的，以至于他真相信自己是民主的、慷慨的，是一个备受爱戴的父亲形象。幸运的他最终还真的成功了，就因为他是 Walt

> 在你经营的范围里，永远都不要停止寻找被你的对手忽略掉的机遇。

Disney。但是，考虑到你的生意，你的声望，以及你内心的平静，一定要预防这种错觉的出现。

➢ 抓住机会。在 Roy 的指引下，Walt 率先发放迪斯尼电影影像和动画人物使用权许可证；率先想到为新一代儿童重新上映老电影；首先与电视台合作使用交叉品牌战术；首先以主题公园为制作基地生产电视节目。当他意识到动画片的局限性时，他毫不犹豫地跨界经营，制作实景电影和自然风光片。在你经营的范围里，永远都不要停止寻找被你的对手忽略掉的机遇。

➢ 人如其名。迪斯尼公司的所有商业冒险都符合 Walt 的基本国民理想，即健康整洁，爱国爱民，自强不息，渴望家庭幸福。他甚至身体力行地打造自己和蔼可亲的沃尔特大叔的形象，并不理会自己的黑暗面和执拗的秉性。"我很快乐，非常，非常快乐。"人们怀疑他是否真的那么快乐，但有一点毋庸置疑，迪斯尼品牌与其产品的一致性是给市场的一大恩惠——而且做一个沃尔特大叔并不伤害别人。

> 胜利和灾祸都是江湖骗子，应该以同样的心情对待。

➤ 笑对批评。在一代人的眼里，Walt 从娱乐业的宠儿变成遭人击打的沙袋，他因倡导纯净化的美国梦而遭受批评。不知他是否因此而烦恼，但他从未表现出来，只是把这些批评者当成势利小人，任人笑骂，你应该以他为榜样。Rudyard Kipling——另一个被人贬低的天才——给出的忠告是，胜利和灾祸都是江湖骗子，应该以同样的心情对待。真可谓至理名言。

9

独特的 Zappos 网络鞋店

一名个体业主的故事
即产即运，库存透明
关注顾客，百般呵护
经济低谷，灵活应对
Zappos 给你的启示

公司一心要给人们留下乐观幽默的公众形象。

Tony Hsieh，Zappos 网络鞋店的创始人，见人就问："你去过 Zappos 网络鞋店了吗？"2008 年的一天，当 Hsieh 向一个商人问同样的问题时，结果那个商人大发了一通牢骚。这个人的妻子一年花了 6 万美元在 Zappos 网络鞋店买鞋。他说："我宁愿花钱请你把她的名字从你们的顾客名单中删除。"

Hsieh 听了之后来了灵感。很快，他就公布了一个叫"停止与断念"的服务项目。只要你在该网络鞋店消费达到 5 万美元，鞋店将允许永久性地关闭你的账户，不论消费者是你的妻子、丈夫或其他对你重要的人。公司还承诺派客户代表去把这个消息告诉那个挥霍无度的人，就像为你提供了一个"可以尽情哭泣的肩膀"。

没有人相信这个半真半假的承诺，包括当初那个大发牢骚的商人。但是这类活动的确符合公司一心要给人们留下乐观幽默的公众形象，并符合企业文化的一贯风格。此外，公司制定了明智的、以超一流顾客服务为核心，不断完善的商业计划，创造了一个最罕见的商业现象——违背几乎所有的，不论是网络还是实物零售业规则，却能把生意做得红红火火。

Zappos 拥有 800 万顾客，2008 年在 Zappos 网站的消费金额超过了 10 亿美元，除了买鞋子外，他们还买厨具、电子产品等各类商品。即使在 2008 年经济衰退时期，公司的营业额也比前一年增长了 20%。2007 年，公司的经营利润率为 5%，其中 75% 的营业收入来自回头客。换句话说，Zappos 凭借自己的智慧和独创精神建立了一个庞大的忠实的顾客群体。对任何行业的经理而言，它都是值得学习的榜样。

Zappos 现象如此引人注目，以至于在 2009 年仲夏，美国最大的网络商务公司亚马逊，用 8.47 亿美元现金加股票的形式收购了 Zappos。这是亚马逊有史以来最大的一次收购。亚马逊的奠基人和首席执行官承诺，Zappos 将作为一个独立的子公司经营，领导团队和企业文化原封不动。

一名个体业主的故事

Zappos 的故事要从 Nick Swinmurn 说起。Swinmurn1996 年毕业于加州大学圣巴巴拉分校。他主攻电影研究，迫切希望成立自己的公司。他先是为美国职业棒球联赛圣地亚哥教士队销售团体票，后来又担任过 Autoweb. com 零售公司的销售经理。1999 年的一天，他去逛商店买鞋子，可是找不到自己想要的款式和品牌。"如果发生在我身上的经历是一个普遍现象，那么就应该有一个企业专门解决这个问题。"他回忆当时的想法说。

一个小小的调研就让他相信网络鞋店是可行的。传统鞋店一般只能出售十几个品牌的鞋子，而且款式和号码有限。可是鞋类的品牌成千上万。Swinmurn 想到用一个网站来向顾客介绍大部分鞋类品牌。Swinmurn 联系了几家在本地有库存的鞋店来验证自己的想法，并向朋友和家人借了 15 万美元。于是，

1999 年 6 月在旧金山，一个叫网络鞋店的公司就这样成立了。

标准的商业古训认为，大部分人在买鞋时都必须试穿。但 Swinmurn 相信鞋子是适合网购的理想产品。人们知道自己喜欢什么样的款式，自己的鞋码，因此做选择和填写订单都是一件非常容易的事儿。财务方面也特别有吸引力。因为鞋子的价差很大，利润率就很可观（目前 Zappos 网络鞋店的平均订单价格为 150 美元，毛利润约 50%）。但是，Swinmurn 认识到，网络鞋店能否成功还取决于为顾客提供的三个关键服务：百科全书式的品牌目录，低廉的运费，顾客在仔细检查后不满意而可以采取的简单便宜的退货程序。

公司开业第一年取得一些重大进展。首先，公司的名字改为 Zappos，似乎借用和演绎了西班牙语的鞋子这个词。虽然这个新名字没有原来的名字简明易懂，但却更有活力，而且可以扩展到鞋子以外的商品上。公司与几十家制鞋厂签订了协议，同意将订购的鞋子直接发送到顾客手里。几个大的网购门户网站都有 Zappos 的特色鲜明的链接。公司自己的网站也变得越

> 实力雄厚的竞争对手的加入，使网络鞋店这个理念对鞋类制造商和投资商更有吸引力。

来越健全细致，有鞋码表、独立的品牌网页、联系顾客服务代表的免费电话号码等。

公司的交货和退货政策已基本落实。交货及时而且免费。如果顾客要退货，他可以提前 60 天通知 Zappos，公司再委托 UPS 来把鞋子取走，无需任何费用。退款是全额的，没有任何附加条件。这样做的宗旨就是要缩小网购和传统购物之间存在的差距，即被 Swinmurn 称之为"方便性差距"。1999 年 10 月当 Nordstrom 百货公司也建立了网络鞋店时，朋友打电话给 Swinmurn 表示同情，可是 Swinmurn 却说："对我们来说，这是千载难逢的好事儿。"实力雄厚的竞争对手的加入，使网络鞋店这个理念对鞋类制造商和投资商更有吸引力。

Swinmurn 很快就发现需要筹集大量现金。他联系了几个风险投资商，但都未成功。最后，他给 Venture Frogs 公司，一个为创业者提供启动资金的孵化器公司打电话。这家公司是由哈佛大学的两个学生，Tony Hsieh 和 Alfred Lin 创办的。1996 年大学毕业后，他们俩成立了 LinkExchange 公司，为数以百

Zappos 是"最有前途，最有意思的"企业。

万的网站提供网络广告服务。两年后，他们把 Link Exchange 以 2.65 亿美元的价格卖给了微软公司，成立了 Venture Frogs 公司。这两个合伙人当时只有 24 岁。

Hsieh 回忆说，他当时差一点儿就删掉了 Swinmurn 的语音电话留言——谁能相信人们买鞋的时候不试穿呢？——但是，他对 Swinmurn 推销性质的留言中的一个抢眼的事实感到震惊：网络鞋类邮购业务在价值 400 亿美元的鞋业销售总额中占 5%。这么说人们已经开始不声不响地从网上购鞋了，而且每年的营业总额达 20 亿美元。Venture Frogs 为 Swinmurn 投资了 100 万美元。

Hsieh 记得，在他投资的企业里，Zappos 是"最有前途，最有意思的"企业。Swinmurn 和他的全班人马搬到创业青蛙的办公室，Hsieh 先是充当首席执行官顾问，并于 2003 年接任了 Swinmurn 的职位，Lin 是董事会主席兼财务总监。3 年后，Swinmurn 离开公司，进入另一家企业。Hsieh 把公司总部从旧金山搬到拉斯维加斯，为的是挖掘电视销售人才。

> "我们决定打一流服务这张牌。我们是一家服务公司，只是顺便卖鞋子。"

像其他刚起步的企业或刚开始创业的人一样，Zappos 必须决定步入成熟期后的发展方向。"我们有一天坐下来讨论，Zappos 这个品牌到底应该代表什么，"Hsieh 回忆说，"我们决定打一流服务这张牌。我们是一家服务公司，只是顺便卖鞋子。"结果很快 Zappos 就成为一个服务供应商，除卖鞋子外，还顺便卖皮包、服装、珠宝和电子新产品。

即产即运，库存透明

最初，Zappos 采用的是顾客验货后付款，由厂家直接发货的运作模式。也就是说 Zappos 转交了订单后，厂家将货物直接运送给顾客。但是许多厂家经常遇到订单错误，不能按时发货的麻烦。而 80% 的问题都是订单的不准确性造成的。Swinmurn 和 Hsieh 声称要始终不渝地提供优质服务，可是对于任何一个顾客来说，只要是因收到的鞋子与自己想要的不符，还需要等几个星期，这位顾客早晚会一去不复返——更可怕的

> "我们必须控制好顾客购物的整个体验过程。"

是，他或她会用电子邮件或博客向朋友们讲述这一切。

Hsieh 说，总而言之，要实现他的服务宗旨，"我们必须控制好顾客购物的整个体验过程"。为此，Zappos 又做了一次巨大的冒险。在肯塔基建了一个大型仓库，离 UPS 的发货中心只有 15 分钟的行程，里面仓储着数额巨大的库存，专为执行顾客订单。Hsieh 承认说："这是一段令人提心吊胆的时期。"采取以内部库存为基础的发货举措大大改善了订单执行，但问题仍然存在。由于长期以来，许多大品牌制鞋商拒绝把货物卖给 Zappos，主要的担心是这个网站会给他们的销售部门产生负面影响。直到鞋业大品牌 Dr. Martens 出现在网站名单上，并公布其总销售额明显增长后，其他大品牌才打消了自相残杀的担忧，开始签约。

运输效率也是一个伤脑筋的问题，许多厂商不能及时将货物运到 Zappos 的仓库，太多的顾客不能按时收到他们订购的产品。从来都是逆向思维的 Hsieh 再次违背商业惯例：他把维护仓库库存的责任交给了制鞋商自己。

> 透明度并不多花公司一分钱，但是却让"另外 1 500 双眼睛监督我们的企业"。

要实施这个举措，Hsieh 和他的管理团队建立了一个商业领域最透明的供应链。通过外联网，大品牌制鞋商可以随时浏览 Zappos 仓库的库存情况，了解哪些货卖得好，哪些货需要补充。这个系统取得了无与伦比的成功。Zappos 从不向顾客说，订购的货物库存无货。厂商也从不担心给 Zappos 仓库的货太多或太少：因为目前 Zappos 的销售量只占全鞋业销售额的 1%。外联网上的销售信息可以让厂商对自己的产品未来的总需求做出预测。Hsieh 认为，透明度并不多花公司一分钱，但是却让"另外 1 500 双眼睛监督我们的企业"。

Zappos 的仓库有两层，占地面积相当于 17 个橄榄球场，据说它的圆盘传送带是世界上最大的。它可以随时查询 1 500 个品牌的 400 万件商品——它的 70 个机器人可以让一双鞋从发货到收货的时间不超过 8 分钟。

Hsieh 对透明度的专注不仅仅体现在 Zappos 的库存系统上。他说，对专利数据的法定保护让很多企业失去对企业管理的许多重要方面的注意力。他认为，许多曾被认为是商业机密

> 我们就是要让每位顾客都说："哇，这是我经历过的最完美的一次购物。"

的信息，现在可以从电子邮件和其他网络文档中获得，费尽心思地去保护这些，其实是没有意义的。Hsieh 在他的有 3 万人跟贴的微博上披露了他的未来战略行动。他还在博客上讨论对运输政策改革的可能行。在结尾处，他半开玩笑地说："别告诉人说你看过了。"

关注顾客，百般呵护

不论是过去还是现在，Zappos 对招聘员工和保留顾客的最大投入都是为了向顾客提供超一流的服务。"我们与每个顾客的每次互动都必须做好。"公司在自己的网站上宣称，作为经营理念的一部分，我们就是要让每位顾客都说："哇，这是我经历过的最完美的一次购物。"比如，Zappos 的送货和退货政策一年比一年宽松。两日内免费送到已经是常规，可顾客经常惊奇地收到他们昨天才订的货。公司决定打破过去的常规。根据 Hsieh 的说法，"我们发现给顾客一个惊喜会提升他们的

> Zappos 想要实现的是，给顾客的惊喜和尊敬与给他们的鞋子一样多。

满意度"。不仅如此，60 天的退货通知期限已经延长到整整 1 年。退货的提取程序也更加简便：顾客只要从 Zappos 网站上打印出一个标签，贴在鞋包装上，然后投递到最近的邮局或 UPS 办事处即可。

实施这样的政策的代价是昂贵的——仅免费送货一项就耗费公司 1 亿美元。保证 24 小时内货到费用更高。有些顾客经常订 10 双鞋，却退回 9 双，恨不得连第 10 双也退掉；有些佯装贫穷潦倒的人，把鞋子穿了 365 天后竟要求退款。

Hsieh 欣然承认，政策其实没有必要那么宽松——但问题就在这儿。Zappos 不仅仅是追求顾客满意度。Zappos 想要实现的是，给顾客的惊喜和尊敬与给他们的鞋子一样多。诚然，宽松的政策降低了盈利率，但是鞋类 50% 的毛利润仍留下很大的空间。Zappos 发现，那些将所订货物的 25% ~ 50% 退掉的顾客，实际上在 Zappos 买的东西比他们从其他商店买的更多，价钱更高。

Zappos 致力于顾客服务的一个极端例子是它的客服呼叫

> "我们不把电话接待看成是一笔支出，我们将它看作是一笔投资。这是我们创建品牌的机会，让我们有机会用非常人性化的方式为顾客提供服务。"

中心。在 Zappos 的每个网页都列有这些电话号码。公司欢迎顾客在网上订购，当然许多人都这么做。但是，与大多数网络和传统公司不同，Zappos 鼓励顾客打电话。Hsieh 说："我们不把电话接待看成是一笔支出，我们将它看作是一笔投资。这是我们创建品牌的机会，让我们有机会用非常人性化的方式为顾客提供服务。"

在另一端接听电话的 Zappos 接线员不只是记下订货信息，而是打破所有客服呼叫中心的行事规则，真心实意地帮你解答各种问题。例如，棕色是否容易退成红色，或哪个款式的鞋越穿越大。如果你苦于脚痛，就会有一个穿鞋专家与你交流；如果 Zappos 没有你想要买的鞋子，销售代表就会到至少三家售鞋网站搜索。这就是 Zappos 对顾客服务的定义——帮助顾客找到他们所需要的，并且越快越好。

这样的通话可能持续一个小时，话题甚至涉及孩子、宠物、工作的烦恼等。没有什么规定，也没有人监督通话时间。公司鼓励接线员展示自己的个性，开开玩笑，说说笑话。而且快乐的员工造就满意的顾客。

如果可能的话，尽量为公司与顾客长期关系的建立奠定基础。如果接线员的行为如同向心情郁闷的顾客献花，让他的情绪好起来的话，那正是公司要达到的效果。实际上，顾客们给公司寄来了成千上万封的感谢信。下面是几封典型的感谢信：

我不知道该怎样谈论你们的员工，她让我觉得我们好像是多年的老朋友。让我最感动的是她从未让我觉得是在"麻烦"她，而现在许多公司的员工总让顾客有那样的感觉。我们有很多共同之处，两个家族的历史都与汽车行业相关，经济状况相似等等。我们俩都喜欢这次谈话。那天，我收到这位客服代表寄来的明信片，上面有她的留言——她说希望我喜欢新买的鞋，并因有机会为我服务表示感谢。

为顾客提供这样一个似乎有些夸张的服务需要一批特殊的员工，Zappos 就做到了。它再次打破常规，培育了一个强大的企业文化，建立了一个严格细腻的招聘培训程序。实施这种策略的前提条件很简单：快乐的员工造就满意的顾客。Zappos希望员工快乐地工作。他们可以自己规定工作时间、工作服

"培养一个积极乐观的团
队和家庭精神"。

装。在位于拉斯维加斯郊外亨德森市的总部里，身穿奇装异服
的员工，经常吹着卡祖笛，摇着牛颈铃在大楼里列队行进，每
个办公室都突出一个不同的主题——例如，有一个办公室，软
件工程师们以热带雨林为主题，每个人头上戴着头网，手拿苍
蝇拍和杀虫喷雾罐。公司为员工提供免费的工作午餐，一个供
午睡的房间。公司甚至为员工聘请了一个生活教练，帮助员工
解决各类影响情绪的问题。

Zappos 的企业文化之本是通过他们设想的"十诫"体现
出来的。比如，"培养一个积极乐观的团队和家庭精神"这一
训诫，体现的是一个对全力以赴、互相支持的工作环境的设
想，员工对每个人取得的伟大成就都欢呼喝彩。为了实现这个
设想，公司号召员工们推选出那些有特殊贡献的员工——不论
是为顾客提供了最满意的服务，还是完善了操作程序，每人奖
励 50 美元。公司还鼓励经理们抽出 10%～20% 的业余时间，
与员工在公司以外的地方开展社交活动。Hsieh 认为这些做法
有助于提高工作效率。

"我们需要的是那些具有 Zappos 追求的人——能做到充满热情地为他人服务的人。我不在乎他对鞋子是否有热情。"

公司的十诫还号召员工"信奉和推动变革","追求成长",尽管 Hsieh 知道，变革和成长都容易对企业文化造成伤害，公司仍竭尽全力地保持自己的这个特点，招聘那些机智灵活、乐观向上的人才，对他们进行全面的培训。

求职者经常被问到这样一些离奇的问题。如"你有什么特性？""你的主题歌是什么？"Hsieh 说："我们需要的是那些具有 Zappos 追求的人——能做到充满热情地为他人服务的人。我不在乎他对鞋子是否有热情。"

新员工接受培训的时间为四个星期，其中两个星期到现场，学习如何完成与顾客服务有关的任务。无一人例外，包括工程师和没有一线工作经验的高级主管。他们第一个星期在客服呼叫中心解答问题，处理投诉电话，第二个星期到仓库学习包装和发货。"要让每个人对我们企业文化和以顾客为焦点的理念达成共识，"Hsieh 说，"最好的一件事是，当第四季度忙季来到时，任何部门的任何人都可能跑过来接电话。"

根据《商业周刊》的报道，为了确保公司花在新员工身

> 招聘并培训出一个能取代因不高兴而辞职的人的新员工，付出的成本比这高得多。

上的钱有回报，公司拿出 2 000 美元作为奖金，奖励那些自愿退出培训项目的员工。Hsieh 说，只有2% ~3% 的员工选择退出，拿走了这笔钱。他认为，付出的每笔奖金实际上等于赚了大便宜，因为招聘并培训出一个能取代因不高兴而辞职的人的新员工，付出的成本比这高得多。2 000 美元的提前退出奖金让 Zappos 人力资源部的人感到压力很大，他们必须在进入培训之前就过滤掉那些不适合的人选。

Zappos 还在工作时间给在职员工提供大量的培训机会。如类似财务规划等课程。Hsieh 期望用几年的时间，让所有新员工都达到初级财务规划水平。"我们会为他们提供培训和专人指导，"他说，"这样，在 5 ~7 年内他们就可以进入高层领导岗位。"

现有的证据表明，Tony Hsieh 的生性顽皮，非常喜欢变化和创新。他为公司创造了两个领先的声望，并大赚了一笔。几年前，很多企业急于将销售、客服和发货这些麻烦难做的工作外包出去，Zappos 顺应这个需要，接手了这些服务。去年，公司开辟了一个新网站，叫 Zappos Insights。在这个网站上，用户只要每月付 39.95 美元就可以获得关于公司文化和业务的详细信息，并可以向公司的专家寻求咨询。没错，他的确是在把自己的经营诀窍告诉给潜在的竞争对手。那又怎么样呢？如果他没有保持领先的能力，他早就被挤垮了。

总之，Zappos 的企业文化的确独一无二。它与亚马逊公司的发展轨迹南辕北辙，截然不同，后者遵循的是强调低价和效益的传统理念。那么，亚马逊会让自己新收购的子公司保持我行我素、愉快乐观、放纵嬉戏的工作作风吗？时间会检验一切，但是 Bezos 为他的意图标出了一个重大的记号：他花 8.47 亿美元收购 Zappos，其中 4 000 万美元是现金和分给员工的受限制股票——就是要保证 Zappos 坚守自己的文化，并不断发扬光大。

经济低谷，灵活应对

Zappos 也具备非常大的灵活性。基于服务的 Zappos 从不走降价的道路。但近年来，这方面也发生了很大的变化，部分原因是应对经济衰退。目前，他们的网页定期公布处理中的清仓产品。Zappos 的网站上还有一个 6pm. com 的链接，在那里可以买到折价幅度高达 75% 的服装和其他产品，只不过服务水平一般。

对 Zappos 来说，所有顾客都一律平等——这是他们始终为之骄傲的东西——但是，最近他们新设了一个凭邀请才能进入的网站，叫 Zappos VIP，专为公司最忠诚的顾客服务。这些顾客可以获得"等候一夜的免费送货"服务，和一些特有的优惠和好处，如优先买到新产品和促销商品。而相比之下，新顾客享受不到"等候一夜的免费送货"待遇。Hsieh 解释说："我们将部分资金用于新顾客服务的成本转移。"

这是 Hsieh 遵循商业常规所办的第一件事。在刚刚过去的经济滑坡中，大部分企业都自动削减了顾客服务成本。这种做法非常普遍，如航空公司开始收取行李检查费，零售商对退货的要求更严格。研究表明，与 Zappos 一样，大部分业绩好的企业，最可能采用的办法就是挤压新顾客服务成本用来关照忠实顾客群体。

在亚马逊之前曾是 Zappos 最大股东的 Sequoia 投资风险公司，去年 10 月份召集所有受益人开会，要求削减成本。后来 Hsieh 同意从 Zappos 的 1 500 名员工中削减 124 名。他尽量以最快的速度向员工传达这个坏消息，同时提供非常优厚的解聘待遇，如为解聘员工预付 6 个月医疗保险。

但是，艰难的时局并没有改变 Hsieh 对 Zappos 未来的期望。因为他坚信，公司的超一流顾客服务是它强大的竞争优势，他对 Zappos 的未来乐观自信。在亚马逊收购结束后，他对员工们说："过去的 10 年公司取得了难以置信的发展。我对未来 10 年我们将要共同取得的成果感到兴奋，对能与

> "其中一个成果就是，10年后人们看不出我们是从网络鞋店起家的。"

Zappos 共同成长感到兴奋。"他预测说："其中一个成果就是，10 年后人们看不出我们是从网络鞋店起家的。"他期望 Zappos 提供的绝不只是日用品，而是准备跨出零售业，跨入服务业，向酒店和银行业进军。他最后说："从现在起 20 年或 30 年后，我没准能看到 Zappos 航空公司的出现。"

Zappos 给你的启示

➤ 一流服务有一个公式。在你看来，发生在 Zappos 的那些事情有些夸张，例如，有牛颈铃伴奏的办公大楼里列队游行，与顾客通话长达一个小时。在办公室里狂欢嬉闹，与顾客结为终生朋友，这些都有必要吗？Tony Hsieh 认为有必要，而且你也争论不过他。别忘了，作为一个网络零售商，人们可以随时将他的价格和做法与其他竞争对手比较。他全凭顾客服务与他人竞争，这意味着，优秀的服务质量必须是显而易见的，可衡量的，自始至终的。Hsieh 相信，只有快乐地工作着的员

> 你越愿意在人的身上投资——不仅仅是钱，还包括时间和精力——你的服务质量就会越高。

工才能保证这一切。因此他设计了一个让员工时刻感到快乐的工作环境和文化氛围。他通过精心挑选，找出那些适合 Zappos 积极向上的企业文化的人来。

虽然你经营的企业可能完全不一样，但 Zappos 关注顾客服务这一点对你一定很有用。Hsieh 清楚地认识到，在顾客服务水平与影响员工服务质量的工作环境和文化之间存在一个重大的因果关系。换句话说，你越愿意在人的身上投资——不仅仅是钱，还包括时间和精力——你的服务质量就会越高。除了办公室里的游行、免费午餐、午睡房间外，你还可以找出许多其他方式来彰显你的企业文化。相反，要让一个工资微薄、心情郁闷的员工提供良好的顾客服务，是根本不可能的。

➤ 注入新鲜空气。Hsieh 对企业死守自己的经营诀窍不屑一顾。他向世人公开自己的计划，热心征求意见，完善计划。他提出的向货源供应厂商公开自己公司的送货程序的见解，很有裨益和启发性。他说："这样做就会有 1 500 双眼睛帮助我们管理企业。"

> 问题已经不是应不应该做，而是怎样做。

这种见解如果在 10 年前，一定会让许多公司的董事会成员嗤之以鼻。即使到今日，仍然有很多企业死抱着自己的老皇历，拒绝承认错误，接受新鲜事物。事实上，企业已经变得如此狂躁和好斗，全球企业的相互依赖程度如此之高，以至于没有哪个公司可以给自己套上这样的枷锁。当发现自己什么都不知道，于是从企业内部，尤其是那些了解情况的员工入手，而从企业外部寻求帮助的做法早已过时。现在有些成功的企业向自己网站的访问者，或向社交网的访问者征求新产品开发的好创意，解决困扰企业问题的好方法，这样做也不是巧合。等待人们挖掘的智库和专业知识太多了。问题已经不是应不应该做，而是怎样做。

➤ 广交朋友，保持联系。Zappos 努力塑造自己在互联网上的企业形象，主要是为了招揽和保留顾客。Hsieh 通过自己的微博一直保持与顾客的联系。同时，Zappos 还在自己的网站上按时公开播放办公室里的趣闻轶事的录像。另外，公司还鼓励员工到一些社交网站，广泛地与人们交流对公司生活的看法。因为，正如 Hsieh 所说的那样，顾客喜欢"个人交往的这种感觉"。简言之，Zappos 真正是一个以顾客为主导的企业。根据 Bezos 的说法，这也是它与亚马逊公司的基本融合点。Bezos 说："一发现对顾客着迷的企业，我就拔不动腿。"

但是，如果你的公司打算进入社交关系网站，或正在考虑这样做，你要小心，员工加入社交网站给企业带来的好处可能与提高顾客满意度风马牛不相及。

如果员工都在脸谱网的墙上看微博，或在 YouTube 网站上上传录像，他们的敬业精神，对企业文化的热爱都会有所加强。通过网络互动，企业内部员工之间就更容易形成牢固的关系。企业员工对企业的热情，对企业经营提出的真知灼见又可以引来那些你想招聘的人。

10

百事可乐的女掌门人：
Indra Nooyi

成长历程
担当重任
迎接全球挑战
建设的时代，修正的时代
百事可乐给你的经验教训

给你引见一位名叫 Indra Nooyi 的女士。她是勇猛的纽约洋基棒球队的粉丝，除了崇拜这个 2009 年世界职业棒球赛冠军外，与那些美国大牌企业男掌门人相比，Nooyi 的确有过人之处。1955 年，生于印度的马德拉斯，Nooyi 经常穿着莎丽服工作在纽约办公室里，她聪明机智，热情洋溢，坚定果敢，成就辉煌。作为百事可乐的董事长兼首席执行官，她经营着美国最大的由女人掌管的公司。

百事可乐的兴旺发达，部分原因是由于 Nooyi 对公司使命的重新确定，从而改变了公司的命运。公司现在关注的是世界上越来越多的消费者对健康食品的需求，以及日趋兴旺的环境保护运动。百事可乐已经成为一个既行善又兴旺发达的全球化大公司，这一切要归功于这位美丽漂亮的印度女人。

作为百事可乐的首席执行官，Nooyi 知道如何激发员工的热情，调动他们的积极性；也找到了开发新产品，更新旧品牌的途径；更清楚重塑企业形象、降低成本的必要性。她所扮演的首席执行官的角色与众不同——严格苛刻，的确没错；但她

"Indra 是我见过的工作最拼命、行动最果断的人，同时她的工作方法又不乏人情味和幽默感。"

也充满爱心，和蔼亲切，活泼伶俐，机智诙谐。媒体经常褒贬不一地报道这个女人是如何让公司的高层管理们怀有同情心和责任感的。她本人就具备了非常优秀的素质——她意志坚强，勇敢果断，是优秀首席执行官的典范。"Indra 是我见过的工作最拼命、行动最果断的人，"百事可乐的前任，Roger Enrico 的副手是这样对《商业周刊》说的，"同时她的工作方法又不乏人情味和幽默感。"

Nooyi 很有可能率先为未来的企业领导者树立了楷模。这位性格复杂、令人着迷的首席执行官对事物做出的极具洞察力的判断，可以被当今任何企业的领导者，不论男女，立刻运用到企业中。

成长历程

Indra Nooyi 出生于印度东南海岸的金奈市，现在称为马德拉斯市。她丈夫 Raj Nooyi 是一个富有的软件工程师，信奉印

> Indra 把他们成功创业之路归功于六个字："家庭、信念、朋友。"

度教的印度移民。他们有两个已成年的女儿，一家四口在美国康涅狄格州的格林威治市过着舒适的生活。他们的创业经历可谓漫长。Indra 把他们成功创业之路归功于六个字："家庭、信念、朋友。"

在金奈，当她还是个孩子时就进入 Holy Angels 女修道院。后来进入英国圣公会女子学校读书，该校的大部分学生都是印度教徒。她的学习成绩和板球技艺都称得上是明星水准。她的父亲是一位会计师，母亲是家庭主妇，父母都期望她学业有成。她不仅没有辜负他们的希望，而且还经常让他们吃惊，她不仅学会了弹吉他，还成为女子摇滚乐队的吉他手，她总是让人惊讶。

Nooyi 先是在马德拉斯基督教学院获得理科学士学位，后又在印度加尔各答管理学院取得工商管理硕士学位，先后在两家印度公司担任产品开发经理。1978 年，23 岁的 Nooyi 怀着她所说的"强烈的冲动、满腔的欲望、高涨的热情"来到美国定居。她进入耶鲁大学，攻取了另一个工商管理硕士学位

（在美国获得的第二个硕士学位对 Nooyi 有标志性的意义。她丈夫也是获得两个美国硕士学位，一个是得克萨斯州立大学的，一个是芝加哥大学的）。

毕业后，Nooyi 在波士顿咨询集团谋到一份工作，在那儿一干就是 6 年，主要负责国际战略策划。1986 年，她进入摩托罗拉公司，担任企业开发执行经理。1990 年，她辞去主管企业战略的副总裁职位，到瑞士工程建筑巨头——Asea Brown Boveri 股份有限公司，负责更庞大的战略组合工作。

1994 年，当她准备到通用电器公司任职时，百事可乐的 Wayne Calloway 亲自来找她。Wayne 当时既是百事可乐的首席执行官，又是通用电器的董事会成员。他对 Nooyi 说，百事可乐比通用电器更需要她。从此，从百事可乐的首席战略家开始，到 2001 年被晋升为公司总裁为止，Nooyi 一干就是 7 年。在此期间，百事可乐的高层领导人变更频繁。先是 Wayne 不幸患上癌症，Roger Enrico 在 1996 年接任首席执行官的职位。5 年后，Enrico 因心脏病不得不于 2001 年提前退休。之后的 5

"Indra 就像守着一根骨头的狗。"

年由 Steve Reinemund 担任公司的首席执行官。

　　Nooyi 在百事可乐的职业生涯一帆风顺，工作中她与 Enrico 有特别密切的接触。Enrico 在百事可乐的成就主要来自对三个部门的改造——菲多利小食品类、食品类，还有必胜客、Taco Bell 和肯德基快餐店。

　　但是，在 Enrico 担任首席执行官时，公司曾一度陷入麻烦之中。百事可乐的海外销售额大大落后于可口可乐，快餐业也在惨淡经营。作为 Enrico 的战略顾问——并购战略的执行代理，Nooyi 必须拿出一个拯救方案。结果她的方案是让 Enrico 暂时放弃继续发展快餐店的战略。"快餐业现在已经成为一个零增长行业，"她说，"美国人越来越偏爱健康食品。"Enrico 不相信她的话，可是她坚持己见，认为自己的计划最佳。Enrico 对《全球福布斯》记者说："Indra 就像守着一根骨头的狗。"

　　最终还是 Enrico 让步了，快餐店于 1997 年被分拆。接着 Nooyi 开始推行她的另一半战略——收购那些能使百事可乐的

> 收购那些能使百事可乐的企业形象焕然一新，关心消费者健康的企业。

企业形象焕然一新，关心消费者健康的企业。百事可乐已经到了超越饮料和菲多利小食品，跨界经营的时候了。

她的第一个收购目标是纯果乐饮料公司。由于该公司的产品是健康的纯果汁，销路旺盛。Nooyi 认为纯果乐不仅可以改善百事的企业形象，还会提高公司的资产价值。Enrico 和其他高级主管再次对此表示怀疑，又再次屈服于 Nooyi 的坚定信念。1998 年，百事可乐花 33 亿美元买下纯果乐公司，这笔交易立刻将公司的销售收入和利润拉动上来。

接着，Nooyi 继续将自己的职业生涯赌在另一笔企业收购行动上，这一次远比上一次数额更大，更艰巨复杂。她打响了一场兼并桂格燕麦公司的战役——该公司的佳得乐（一种运动饮料）占有美国运动饮料市场份额的 82%，全球销售额高达 20 亿美元。百事可乐的内部决策者再次犹豫不决。2000 年 2 月，当 Nooyi 被任命为公司的高级副总裁、财务总监后，这场战役攻势更猛。第二年，在新任首席执行官 Steve Reinemund 的支持下，公司花了 140 亿美元收购了桂格燕麦公司。

企业收购行动本身就非常艰巨，在开新闻发布会的那天清晨，作为一个虔诚的印度教徒，Nooyi 到寺庙祷告，祈求上天的保佑。

她预先确定了百事可乐能出的最高价，然后死守，即使遇到包括可口可乐在内的其他出价者，她也坚持不变。她还设法化解了联邦贸易委员会曾对此次收购产生的反托拉斯法的疑虑。

文件签署完毕，Nooyi 又被授命负责佳得乐和桂格的业务整合——这是些棘手的问题。先是佳得乐的高层管理者纷纷辞职。后是因物价上涨，销售不旺，导致佳得乐的超市销售额首次出现下跌。可是 Nooyi 咬紧牙关坚持，在 2002 年，购并策略终于给百事可乐公司的销售额增加了 7%，同时也让 Nooyi 在公司的地位发生奇迹般地变化。

Reinemund 与 Nooyi 是一对奇特的组合。Reinemund 沉默寡言，服从组织纪律，当过海军，熟悉公司的各项业务，是提拔上来的业务干部。Nooyi 则自然率性，幽默诙谐，喜欢光着脚在办公室里走动，当工作会议气氛变得紧张时，她竟然能哼着小曲来缓解气氛。她一直从事战略咨询工作，缺乏业务管理经验。事实上，有人曾认为就凭这一点，她不可能成为首席执行官。

最近，她对《财富》杂志说："'经营企业'是一个被评价过高的技能。"她回忆了十几年前与 Enrico 的一次谈话。当时，她被调到百事可乐的欧洲业务部，负责领导工作。她当时已经在欧洲租好了房子，也找到了孩子入学的学校。可是，Enrico 说："不要管这些了，我可以轻易地找到一个业务主管来负责公司的日常运营，但却找不到合适的人辅助我对百事可乐重新构思。"

不论 Reinemund 与 Nooyi 之间有多么不同，百事可乐在他们两人的领导下兴旺发达。在他们共同领导的前 5 年里，公司的年收入增长了 1/3，达 330 亿美元。到 2006 年，公司的股票市值超过可口可乐公司。事实上，在销售收入和利润方面，百事可乐将可口可乐远远甩在后面，已经成为世界上第三大食品

"我们相濡以沫，互帮互助。"

饮料公司，仅次于泰森食品公司和卡夫食品公司。Reinemund
与 Nooyi "在所有事情上都紧密配合"，她对《纽约时报》说：
"我们相濡以沫，互帮互助。"

担当重任

2006 年 10 月 1 日，Nooyi 成为百事可乐公司的第一位女
首席执行官。她赢得这个职位既是靠个人奋斗，也得益于公司
这么多年来不拘一格，鼓励女性担任领导职位的政策。公司领
导层中还有两位女性首席执行官，一位是卡夫食品公司的
Irene Rosenfeld，一位是莎莉集团的 Brenda Barnes。

在百事可乐向健康产品发展的过程中，Nooyi 起了主要的
推动作用。如菲多利食品分公司生产的小食品，现在大部分都
变成了低脂有机产品，全部为无转化型脂肪产品。那个 "聪
明点" 符号，根据公司的说法，是公司的产品 "有利于健康
的生活方式" 的标示，出现在 250 种产品的包装上，这些产

> 百事可乐的绩效就是在快
> 速取得经济成功的同时承担社
> 会责任。

品的销售额占公司在美国市场的40%。

Nooyi 喜欢将百事可乐的产品描述为介于"好产品"和"更好产品"之间的产品。她的目标是将公司的一半产品变成"更好产品",包括维他命强化水、高纤维燕麦片、低卡路里佳得乐。

Nooyi 开发健康食品的决心,部分是出于战略考虑。她顺应消费者口味的变化,也许也包括她自己的口味——她本人是一个坚定的素食者。她的决心也反映了她对公司在世界上应发挥作用的超前意识。她很早就对各阶段的信念用一个短语来归纳,即"目的明确的绩效"。百事可乐的绩效就是在快速取得经济成功的同时承担社会责任。她说,承担社会责任"并不意味着降低产值"。在她的倡导下,公司承接了所在地政府和社区的几十项涉及社会责任的项目,包括水资源保护、环境卫生的改善、能源节约。这些项目的成果包括,将公司矿泉水瓶的塑料含量降低到20%,全公司2008年节约用水75亿公升。百事可乐还大力倡导减肥运动,在非洲和中东推广男女就业平

> "我们的确是善良的企业，各种意义上的善良。"

等计划。她对 *Business Today* 的记者说："我们的确是善良的企业，各种意义上的善良。"

Nooyi 还在公司内部实施针对 19.8 万庞大员工队伍的培训和评价计划。2008 年成立的百事可乐大学，既提供课堂教学又开展网络授课，已经遍布十几个国家。学员可以接受"人际交往技能、管理技能、普通经商技能"的培训，为员工职业升迁提供帮助。员工们每年有两次机会与自己的经理面对面地进行业绩评估。他们被考核的不仅是工作业绩，同样重要的还有人际关系，包括与同事和顾客的关系，以及对公司可持续发展的贡献。

除了其他目标外，"目的明确的绩效"评价方法旨在维护百事可乐与顾客的良好关系。Nooyi 最近指出："现在，人们都按照自己的原则来采购。"她的方法也大大提升了公司的企业文化。百事可乐的内部报道说，许多员工因公司开展的环保项目而自豪感倍增。公司建立百事可乐大学，大大激发了员工的潜能，增强了员工的敬业精神。当问到担任首席执行官一年

"我怎样做你才愿意留下来，做什么我都愿意。"

来的感想时，Nooyi 回答说，做百事可乐员工的领导并不难，因为他们有必胜的精神、进取的责任感。

她的领导风格独特新颖，宽容随和，坚定权威，真可谓软硬兼施的胡萝卜加大棒风格。2006 年夏，公司董事会就首席执行官 Steve Reinemund 的继任进行投票选举，当时有两个候选人，一个是 Nooyi，另一个是负责公司国际业务的副董事长 Mike White。当 Nooyi 得知自己当选后，立刻飞到科德角去见 White。

她对他说："我怎样做你才愿意留下来，做什么我都愿意。"他最后终于同意留下，条件是一份与她相差无几的薪水。Nooyi 再次同一位才华横溢的业务骨干合作，他成为她"最亲密的合作者"，一直与她共同应对挑战，直到 2009 年 10 月他离任为止。

Nooyi 真心实意地去找被她击败的对手请他留下来的做法，与许多勾心斗角、争权夺利的高层主管形成鲜明对比。她寻求帮助，求教于他人的习惯也与众不同。

> 你必须从你做的事情中寻找快乐，因为它夺走了你太多的生活时间。

在纽约州珀彻市百事可乐总部的办公室里，Nooyi 渴望与同事们建立和培养良好的人际关系。所有同事的生日都必须在卡拉 OK 里庆祝，并赠送一个生日蛋糕（她自己也不例外）。她从不羞于与他人分享她个人生活中的快乐，如做母亲后还去踢足球，寻求挑战给她带来的快乐。她还喜欢开怀大笑，她曾经说："你必须从你做的事情中寻找快乐，因为它夺走了你太多的生活时间，如果不快乐，那么工作还有什么意义？"

Nooyi 还经常结识同事的家属，请他们吃饭，鼓励配偶们就她本人和公司的情况提问题。据说她还指导手下人如何打理衣柜，到哪家商店购物。

同时，她也是一个要求严格的老板，不能容忍半点误差。一位高级主管说："她总是挑战你。"他记得有一次他和助手在完成某个指标上遇到麻烦，她就一再地鼓励并催促他，直到他完成为止。她的书面评价很苛刻，尤其是当她觉得被评者并没有按教育家所说的那样，竭尽全力发挥自己能力的时候。

Nooyi 一直在路上。她对《财富》杂志的采访记者说：

"与员工们打成一片极其重要。人们需要知道首席执行官是否关心他们。"不过，她也经常静静地坐下来，观看录制了她与遍布世界各地的领导团队成员就百事可乐的前景和竞争环境交换看法的录像带。

迎接全球挑战

随着北美地区碳酸饮料销售的下滑，海外市场对百事可乐更加重要。公司的海外销售占公司总销售额的 40%，像中国和印度这样的发展中国家已经列入她要访问的国家名单前列，对此她有自己独特的处理方法。

2009 年初她就开始制订计划，准备当年夏天到中国正式访问。按照常规，她应该在北京和上海两地各待几天。可是恰恰相反，她打破常规，硬是安排了 12 天的行程，从中国西部城市西安一直考察到内蒙古百事可乐所属的土豆种植农场。"中国是百事可乐海外最大的市场。"她对《商业周刊》的记

> 百事可乐与可口可乐在中国展开的持久战中，最激烈的拼搏是如何尽快适应中国文化。

者说。既然百事可乐承诺要在 2008 年向中国投资 10 亿美元，她就必须搞清楚哪些是关键问题，怎样做才能取得收益。

为了不虚此行，她特地安排一组由研究中国问题的教授和专家组成的速成班，轮流给她上课，向她介绍中国的历史、现行的经济政策和政治环境。她最后一堂课的老师是前美国国务卿基辛格博士。

在华访问期间，Nooyi 参观了旧城区和新建小区，与大学生们交谈。她发现，中国的年轻人喜欢外国品牌。凭借日益流行的网络广告宣传活动，百事可乐比可口可乐更加成功地赢得了中国年轻人市场，不过可口可乐碳酸饮料在中国的销售却超过百事可乐，占 55％ 的市场份额，而百事可乐的却只是 33％。她还了解到，中国人喜欢符合传统中医理念的食品。她正在考虑"如何将传统中药与百事的成品相结合"。公司已经推出了一款面向中国市场的含有菊花味道的饮料。

百事可乐与可口可乐在中国展开的持久战中，最激烈的拼搏是如何尽快适应中国文化。到目前为止，双方各有胜负。

2008 年，中国对软饮料的消费不到美国的 1/20。可口可乐公司上下齐心协力，通过赞助北京奥运会，开设两个研发中心，承诺在 3 年时间里向中国投资 20 亿美元等举措而赢得政府的支持。但在中国做生意并不能只盯着销售。当可口可乐打算收购中国最大的果汁饮料公司时，却遭到中国人的抗议，政府对外商收购中国企业之举并不支持。

百事可乐通过互联网，在中国各地大力开展宣传和推广活动。从 2004 年网络营销空白发展到目前网络营销占总营销 30% 的水平。

在其他地区，尤其是印度，互联网对百事可乐就没有那么仁慈有效了。这些地区的活动分子定期袭击公司的网站，并利用他们的电子邮件、博客和网站传递信息。从 2003 年开始，非营利组织指责百事可乐公司将杀虫剂排入地下，污染了印度的水源，并指控百事可乐饮料的杀虫剂含量超标，"不适合人类饮用"。

当这些指控首次被公开报道后，百事可乐碳酸饮料的销售额呈两位数暴跌。在 Nooyi 上任之前的 2006 年，第二轮指控竟然引发了大规模的游行示威，印度的一些邦还禁止或限制碳酸饮料的销售。

Nooyi 非常了解印度人对水资源的焦虑。她在金奈长大，市政供应的自来水限制在早晨 3 点到 5 点钟之间。每天配给她的水只有两桶。她回忆说："你必须要仔细算计如何省出洗澡用水，印度人对水的担忧已经刻骨铭心了。"

不过，她还是勇敢地站出来替百事可乐辩护。"那些以为百事可乐这样的全球品牌仅靠发生在某些国家的某些事件就可以被诋毁的人简直是痴心妄想。"其实，饮料和瓶装水中含有 0.4%工业用水并不是问题的关键。她辩解说，杀虫剂含量远少于残留在水果和蔬菜上的农药的产品也不是问题的关键。"真正原因是我们代表的是一个外国企业，"她说，"这个企业正在剥夺印度人的水资源来生产如此微不足道的汽水来赚大钱。"

回顾 2003 年的那次指控，Nooyi 自责没有及时站出来回答

> 她不断地向媒体表白:"这是一个有爱心的企业。"

这些问题,尽管这并不属于她的职责范围。"我有一张印度人的面孔,"她向《财富》杂志承认说,"我应该立刻跳上飞机飞到印度对他们说:'乡亲们,我向你们保证,这些产品是最安全的。'可是,当时我并没有想到这样做。这就是为什么我感到后悔的原因。"

现在,作为首席执行官,她在寻找缓解矛盾的方法。以前公司的营销方法是错误的。她决定在印度各地散发百事可乐的标识,大张旗鼓地宣传百事可乐与印度政要人物的交往。她认为,要让公众注意到公司正在开展的各项善举——如向村民们介绍收集雨水、种植作物和挖井的方法。

上任首席执行官后2个月,她就亲自到印度弥补过失。她大讲特讲百事可乐为印度社区做出的各种努力,让人们了解,最新的研究证明如此低的农药残留物不会危及身体。她不断地向媒体表白:"这是一个有爱心的企业。"

从此,百事可乐在印度的业绩开始好转,工厂也减少了用水量,大部分地区的销售额都恢复正常。但 Nooyi 仍然为没有

> 她认为像他这样的美籍外国人比土生土长的美国人对美国市场更有独到的认识。

及时控制局面恶化而自责。

建设的时代，修正的时代

Nooyi 掌管百事可乐公司大印后面临的最大营销难题是日趋衰落的北美地区百事可乐饮料销量。不过菲多利小食品和大部分的海外业务状况还不错。2000—2007 年期间，北美生产的百事可乐下降了 29%，虽然果汁和瓶装水可以填补亏空，但到 2007 年秋季，Nooyi 终于下决心要对汽水品牌进行改造。在威尼斯召开的一次公司年会的休息时间，她邀请 Massimo F. d'Amore 到酒店的花园里散步。

她与 d'Amore 很熟。他在公司工作十多年，辅助她完成对桂格燕麦公司的收购，扭转了百事可乐在拉丁美洲地区的局面。她喜欢他是因为他生在意大利，长在意大利。她认为像他这样的美籍外国人比土生土长的美国人对美国市场更有独到的认识。正是出于这种想法，她招聘了很多外国经理充实公司总

"重返青春，重新整顿，重新思考，重新融入大众文化"。

部的领导团队。

d'Amore 同意接管饮料业务，并提出一个大胆的重新调整品牌名称的计划。由于各种饮料品牌派生出大量新品种，导致消费者面临一个混乱的产品组合。他要重新将产品分成 7 大品牌，为每一个品牌设计新的广告、新的广告口号、新的包装。他还要重新设计百事可乐的标识。他恨不得马上就动手，希望在 2009 年 1 月就将这些新产品摆上货架。

他只剩下 7 个月的时间，而且已经出现经济低迷期即将来临的征兆。Nooyi 建议推迟一年再实施重整品牌计划，可是 d'Amore 让她相信他能做到。

之前，Nooyi 和 d'Amore 会见了品牌建设专家——Peter Arnell。她说："iPod 是一个人人都喜欢的优雅产品。我希望百事可乐也能成为一个人人都喜欢的优雅产品。"Arnell 似乎听到了响亮的进军号令"重返青春，重新整顿，重新思考，重新融入大众文化"。

计划按时完成。百事可乐的标识是红蓝相间的球状中有一条白杠穿越，白杠的一端略向上倾斜，形成一个微笑图案。一个巨大的 G 字装饰着佳得乐果汁的瓶子。独特设计的纯果乐饮料盒盖呈橘子状，简洁大方。就这样，每个品牌经过重塑，焕然一新。

改装后的大部分产品都受到欢迎。唯一例外的是改装后的纯果乐由于不受欢迎而被迫恢复原样。橘子状的盒盖并没有引起消费者的兴趣。更糟糕的是，顾客在同类产品中很难找到这个'新'包装的纯果乐，这让他们很恼火。

品牌重塑计划对产品的销售到底能产生怎样的影响，现在还未可知。待改装后的产品摆到货架上时经济已跌入低谷。碳酸饮料和果汁全行业销售下滑，百事可乐也不例外。佳得乐的大 G 字也没能阻止 2009 年上半年销售额 10.2% 的下滑。不过，百事可乐易拉罐上的笑脸设计从可口可乐的手里赢得了一些市场份额。

尽管经济萧条，但百事可乐仍然在 2008 年设法让净收入提高了 10%。但是，全球性的经济衰退影响了经营利润，再加上成本的上升无法通过涨价来弥补，致使情况更加糟糕。当年的 10 月，Nooyi 公布了一项全公司范围内"通过提高生产率促增长"的计划。这个计划包括关闭 6 家工厂，裁减 3 300 名员工，以便"为 2009 年的利润改善创造更大的空间"。这个举措预计将在 3 年内节省 12 亿美元。

在经济衰退期间，百事可乐继续贯彻它的所谓通吃的收购政策——他们先是收购了俄罗斯的果汁公司，后又买下英国的一个瓶装水企业，接着又收购了巴西的椰子水公司。总之，又一笔更大的收购交易就要完成的传言时有发生。可是 Nooyi 说，百事可乐也很挑剔。

2009 年，公司的确完成了一次重大的收购，其实也算不上是真正的收购。10 年前，百事可乐与可口可乐的经营模式完全不同：可口可乐是向独立罐装商出售糖浆浓缩剂，而百事可乐是进行纵向整合。1999 年，作为公司的首席战略家，Nooyi 帮助百事可乐分拆了罐装业务。这项举措的最大好处充分体现在财务上——分拆计划将罐装业务从资产负债表中删

> 没有可口可乐的存在，百事可乐要成为具有独创精神，充满活力的斗士就没那么容易了。

除。这样可以使公司把更多的资金投放到软饮料市场开发上。

但是时代不同了，软饮料市场正在萎缩。今年百事可乐又重新购回它的两个最大罐装商，耗资 78 亿美元。这个行动可以使公司重新控制北美 80% 的饮料分销渠道。当你的利润储备出现持平和缩水时，光靠一味缩减并不解决问题。Nooyi 是这样解释的，把罐装业务买回来，公司可以更快地将新产品推向市场，重新构建生产和分销流程。公司预计 3 年节省的成本将达 2 亿美元。

2009 年经济形势有所回暖，由于菲多利和海外市场的销售好转，成本开始下降，百事可乐的前景开始出现光明。公司拥有世界上最大的 18 种食品和饮料品牌组合，它们每年给公司创造数十亿美元的产值。

Nooyi 的师傅，Roger Enrico 在他出版的《另一个人眨了眼睛：百事可乐取得可乐大战的胜利》一书中，表达了不同的观点。"在百事可乐工作时，我喜欢所谓的可乐大战……没有可口可乐的存在，百事可乐要成为具有独创精神，充满活力

213

> "在一天工作结束的时候，不要忘记你是一个普通人、一个母亲、一个女儿。"

的斗士就没那么容易了。"

Nooyi 说，她目前还没有卸任的打算。不过要是有那么一天的话，她想到政府部门谋得一职——到收养她的国家政府里工作。"离开百事可乐，我的确想去华盛顿，"她是这样告诉《财富》杂志记者的，"我要回报社会——不要报酬地工作四五年。"但是她并不想改变自己的善解人意、生动活泼的个人形象，这是她领导风格的根本要素。

她曾经说过："在一天工作结束的时候，不要忘记你是一个普通人、一个母亲、一个女儿。"她每天给母亲打两遍电话。当她由于出差而远离丈夫和孩子时，她常向人表达自己的负疚感。

很难想象，这种话是从百事可乐这样大的企业掌门人口中说出。但这丝毫不妨碍 Indra Nooyi 职业生涯的发展之路。回顾她的成长经历，任何想建功立业的男人和女人们都会羡慕不已。

> 必须认真地采取措施才能适应艰难的局势，光凭美好愿望是不行的。

百事可乐给你的经验教训

> 确定行动目标。几年前，北美地区碳酸饮料销售的消沉导致了百事可乐的资产负债。公众越来越远离碳酸饮料，偏爱果汁和瓶装水。为了应对这两个主要问题，Nooyi 采取了两个措施。她砍掉了众多的品牌衍生产品，力图阻止销售额的下滑。同时，她购回公司原来的罐装业务，大大节省了成本，稳稳地控制了国内饮料分销渠道。这些措施能遏制下滑趋势吗？也许能，也许不能。但是，至少 Nooyi 明白必须认真地采取措施才能适应艰难的局势，光凭美好愿望是不行的。

> 坚持可持续发展。当谈起环保和社会责任问题时，许多商人都不以为然，而百事可乐对此理解颇深。Nooyi 和她的同事们认识到，这两个问题会引起两大利益集团——企业员工和企业顾客的强烈共鸣。员工们为能在一个承担社会责任的企业里工作而感到自豪，他们的自豪感会体现在工作中。一个企业因

215

> 一个企业因它的善举而著称，进而得到顾客的认可。

它的善举而著称，进而得到顾客的认可。这种认可会体现在收银台上。同样绝非偶然地是，关注可持续发展的企业组织会吸引众多高级管理人才的加盟。Nooyi 说得好："如果你只想用指标紧紧地束缚企业，逼着企业以两位数的比率创造利润，别无他求，那么我不是你们的理想人选。"如果连企业对当地社区的环境保护和社会责任都不想承担，那么还能指望谁呢？

一个生产食品的企业倡导与肥胖作斗争，这是不是浪费时间呢？如果你的回答是肯定的话，那么你需要重新思考。

➢ 没有包治百病的妙方。将产品推广到所有市场是个难以抵抗的诱惑，但对此要三思而后行。尤其在处理海外市场的问题上，产品和方法的标准化也要根据当地的口味和习俗进行本土化调整。这也是为什么 Nooyi 花大量的时间和精力做进军海外市场的准备工作，做访问中国的准备工作。她提前用知识充实自己，以便正确理解当地人的感受和文化差别。她希望这样做能够帮助避免可口可乐公司曾经犯下的错误。可口可乐以为，出资赞助了北京奥运会基础设施的建设，就能打消公众对外国企业兼并中国企业的抵触，可口可乐公司打错了算盘。同样，百事可乐在印度犯的错误也是采用标准化的广告宣传和推广手段——即美国式的吸引眼球的广告牌和挤满明星人物的广告，但是播出时机不对——恰巧是在许多印度人因百事可乐破坏环境而感到愤慨的时候。

➤ 谨慎使用互联网。企业家们都在冥思苦想，如何在不受负面影响的情况下，最大限度地利用互联网。百事可乐将公司广告预算的 1/3 用于网络广告。在中国市场，百事可乐利用互联网赢得年轻人的青睐。但是互联网无处不在的特点虽然对营销人员吸引力极大，同时也意味着，公司的任何失误，不论大小，都可能瞬间在数百万网民中传开。这样的情况就发生在百事可乐的身上，当一个活动分子将百事可乐遭遇环境指控的消息在网上登出时，顷刻间，全世界的新闻媒体争相报道，使这个消息就像病毒一样快速扩散。

➤ 打碎玻璃天花板。百事可乐对女性经理的宽容政策和新颖的领导风格使公司受益匪浅。女性领导的代表人物还包括

> "我们的公司是一个与众不同的企业——它的业务结构、企业文化、思维模式和行为方式都与众不同。"

卡夫食品公司现任首席执行官 Irene Rosenfeld、莎莉公司的首席执行官 Brenda Barnes。她们与 Nooyi 一起占据了财富 500 强企业里 13 名女性高级主管的 3 个席位。同时，百事可乐 27% 的高级主管是女性，几乎是同等规模企业女性经理数的两倍。经过很长时间人们才发现像 Indra Nooyi 这样聪明的女性企业家为企业文化、企业使命和资产升值做出的巨大贡献。

Nooyi 领导下的百事可乐顺利渡过了经济衰退期，但挑战仍在。碳酸饮料并不是唯一一个失去活力的产品——公众对瓶装水的兴趣也在消退。可口可乐也从过去的低迷中慢慢苏醒，以新鲜的招式再次逼近百事可乐，催促它奋起直追。例如，可口可乐新推出的低卡路里饮料——零度可乐，已经为企业创造了 10 亿美元收益。当人们将两个公司相提并论时，Nooyi 表现得非常沉着坚定，她说："在我看来，我们的公司是一个与众不同的企业——它的业务结构、企业文化、思维模式和行为方式都与众不同。"

正是这种差异性造就了赛马场中的头马和商战中的赢家。